# 京津冀区域科技创新发展报告

2016

李子彪　李银生　李少帅◎著

中国市场出版社
China Market Press
·北京·

**图书在版编目（CIP）数据**

京津冀区域科技创新发展报告.2016/李子彪，李银生，李少帅著. —北京：中国市场出版社，2017.12
ISBN 978-7-5092-1547-0

Ⅰ.①京… Ⅱ.①李… ②李… ③李… Ⅲ.①技术革新-关系-区域经济发展-研究报告-华北地区-2016 Ⅳ.①F127.2

中国版本图书馆 CIP 数据核字（2016）第 319737 号

**京津冀区域科技创新发展报告（2016）**

JINGJINJI QUYU KEJI CHUANGXIN FAZHAN BAOGAO（2016）

**著　　者**　李子彪　李银生　李少帅
**责任编辑**　辛慧蓉　顾斯明
**出版发行**　中国市场出版社 China Market Press
**社　　址**　北京市西城区月坛北小街 2 号院 3 号楼（100837）
**电　　话**　编 辑 部（010）68033692　读者服务部（010）68022950
发 行 部（010）68021338　68033577　68020340
总 编 室（010）68020336　盗版举报（010）68020336
**经　　销**　新华书店
**印　　刷**　北京中献拓方科技发展有限公司
**规　　格**　145 mm×210 mm　32 开本
**印　　张**　7.75　　**字　　数**　150 000
**版　　次**　2017 年 12 月第 1 版　　**印　　次**　2017 年 12 月第 1 次印刷
**书　　号**　ISBN 978-7-5092-1547-0
**定　　价**　88.00 元

# 前　言

纵览当今世界经济发展，科学技术呈现突飞猛进般革新。国际科技竞争日益激烈，全球进入信息化时代的步伐不断加快，衡量一个国家和地区创新能力的意义日益凸显。党的十八大已经明确指出实施创新驱动发展战略，十八届三中全会又对深化科技体制改革做出了全面部署，包括健全技术创新市场导向机制，发挥市场对技术研发方向、路线选择、要素价格、各类创新要素配置的导向作用。京津冀地区作为国家创新战略的重要组成部分，担负着重要的多重使命。京津冀区域一体化已经是十三五期间国家的重要战略之一，近日国务院批准设立雄安新区更是看到了中央对京津冀一体化战略决策实施的决心。区域经济发展离不开科技，离不开创新，因此对于京津冀区域创新情况地深入了解，为制定京津冀区域科学发展规划起到了积极的支撑作用。

创新现状可以用多种形式进行表述，随着信息科学的进步，统计本身也发生着变化。指数就是其中的一种表现形式。指数是多概念和数据的科学性、管理性的综合，具有以一抵二的作用。较好的指数设计往往具有小而精的效果，对于所反映领域或者对象景气或衰落、持续或间断与否，能起到晴雨表、监测器和风向标的作用。

在这样的背景下，课题组于2016年夏计划对京津冀地区科技创新情况进行指数化分析。课题组前期研究得到了国家自然科学基金项目“区域创新系统监测方法：创新极识别一培育一共生视角”（项目编号：71403078）、河北省首批青年拔尖人才支持计划（第二期）、河北省教育厅百名优秀创新人才支持计划（Ⅲ）、河北省科技计划项目“科技创新数据库建设与资源配置研究”（项目编号：17450318D）、河北省科技情报研究院课题“数据加工与创新指标测算”、河北省科技厅课题“河北省科技资源目录及数据图谱分析”的资助，使得本报告得以顺利撰写、出版。本书也是河北省统计局河北省全面建成小康社会统计科研课题重点项目“雄安新区背景下的京津冀协同发展规划建设进度及成效的统计监测与实施效果研究（2017HD02）”、河北省科学技术情报研究院课题“数据加工与创新指标测算”的阶段性研究成果。《京津冀区域科技创新发展报告（2016）》是反映我国京津冀地区创新能力的重要风向标，也是推动京津冀地区一体化建设的实际需要，对该地区的创新实践有非常重要的指导意义。《京津冀区域科技创新发展报告（2016）》力求通过各项指标和数据分析客观反映京津冀地区的创新能力和相互之间的关系。

全书共分为三篇，对京津冀地区创新能力进行描述。第一篇为京津冀地区区域创新指数。从创新资源、知识创造、创新极培育和企业创新、创新绩效和创新环境等方面对京津冀地区创新体系进行建构，对京津冀三个地区进行了对比和分析。第二篇为京津冀地区跨区域创新指数。从创新资源共享、创新合作指数、创新极共生效应指数和产业合作几个方面对京津冀地区间的创新情况进行描述和分析，反映区域间的创新联系。第三篇为京津冀创新合作专题案例。

本书在写作过程中借鉴了不少国内外专家关于创新能力评估方面的理论与方法，未能一一列出，对此深表歉意。对本书参考文献和资料的所有作者表示衷心感谢。参与报告撰写的还有河北工业大学李少帅博士、赵菁菁硕士、孙可远硕士、王楠硕士，河北省科技评估中心聂永川主任，河北省科技情报研究院张蝶博士。此外，还要感谢科技部创新发展司、中国科学技术战略研究院、河北省科技厅在数据资料方面给予的支持。

希望本书在京津冀一体化战略实施之际，能为学术界和政策制定者提供借鉴，这将激励我们继续前行。

**课题组**

2017 年 4 月 1 日

# 目 录

## 区域创新指数篇

## 跨区域创新指数篇

## 创新合作专题案例篇

JINGJINJI QUYU

KEJI CHUANGXIN FAZHAN BAOGAO

# 区域创新指数篇

# 第一章　京津冀地区创新综合说明

随着全球化进程的不断加速，创新在区域经济发展中的作用与日俱增，于是逐渐形成了创新的区域化。一个地区能否抓住持续发展的机遇，关键就在于该地区能否有效把握不断出现的新技术，以此来推动本地区的持续创新。因此，创新已成了一个衡量区域发展可持续性的关键因素。

关于京津冀区域的创新能力，本文参考国内具有代表性的科研成果《中国区域创新能力报告》，制定了衡量区域创新能力的指标体系。该指标体系主要由以下要素构成：

（1）创新资源。一个地区的创新资源包括该地区所拥有的资产资源、资金资源、人力资源和技术资源等要素的总和，它是该地区创新的基础，也是创新的必要条件。

（2）知识创造。即不断创造新知识的能力，经济的发展是知识的不断创新并应用于指导实践的结果。

（3）创新极培育。区域中具有显著溢出性和带动性的创新主体构成的网络就是创新极，对创新极的培育能够有效提高区域创新能力，从而实现区域的繁荣和发展。

（4）企业创新。企业是经济发展的主体，也是科技创新的主体，企业是把创新和创新成果转化为创新的重要载体。

（5）创新绩效。即创新的经济效益，一个地区的经济发展水平往往决定着该区域的创新能力，经济发达的地区，对创新的投入就会越多，创新的制度环境也就会越好，对创新的需求拉动也就会越强。相应地，高效的创新活动又会促进经济的繁荣，提高人们的生活水平。所以经济绩效既是推动创新投入的指标，又是衡量创新能力的产出指标。

（6）创新环境。在确定了创新主体的情况下，环境便是决定因素。创新的环境包括创新创业环境、经济社会发展环境、科技进步环境、金融平台环境和政策环境等。

本篇为京津冀地区区域创新指数篇。分别从创新资源、知识创造、创新极培育和企业创新、创新绩效和创新环境六个方面对京津冀地区进行创新体系的建构，根据创新指标体系系统的对京津冀三个地区进行了详细地对比分析。

# 第二章　创新资源

创新资源的多寡直接影响一个地区的创新能力。一个地区的创新资源包括该地区所拥有的资产资源、资金资源、人力资源和技术资源等要素，它是该地区创新的基础，也是创新的必要条件。本章节从资产、资金、人力和技术四个方面对京津冀地区区域创新情况进行描述，以反映京津冀地区对创新活动的投入力度、创新人才资源的储备状况以及创新资源配置结构。

## 第一节　资产资源

资产资源是反映一个地区现有创新资源的一个重要指标。科技创新的资产也是一个地区进行科技创新的物质基础。本报告以规模以上企业为描述统计对象，对规模以上企业的资产情况和主营业务收入情况进行统计分析。

## 一、规模以上企业资产情况

京津冀地区规模以上企业总资产在2011—2015年的五年时间内一直保持着持续稳定增长（图2-1）。京津冀地区规模以上企业总资产分别由2011年的2.532万亿元上升到2015年的3.861万亿元，升幅为52.5%；天津地区的规模以上企业总资产由1.738万亿元增加到2015年的2.524万亿元，上升了45.2%；河北省规模以上企业总资产也上升到了4.297万亿元，比2011年终增加了

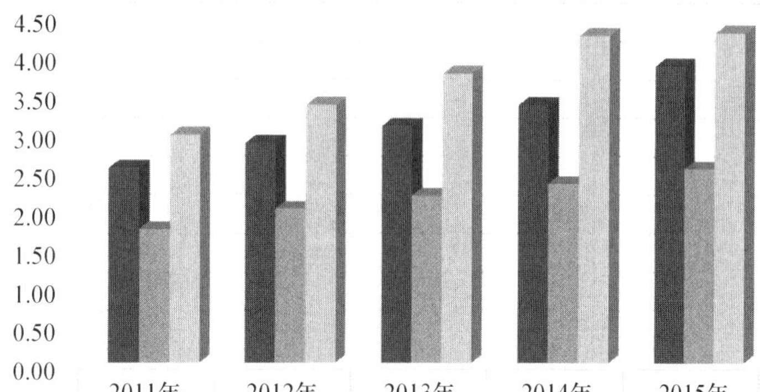


| | 2011年 | 2012年 | 2013年 | 2014年 | 2015年 |
|---|---|---|---|---|---|
| 北京 | 2.532 | 2.861 | 3.080 | 3.356 | 3.861 |
| 天津 | 1.738 | 1.999 | 2.176 | 2.331 | 2.524 |
| 河北 | 2.969 | 3.357 | 3.760 | 4.261 | 4.297 |

**图2-1　2011—2015年京津冀地区规模以上企业总资产（万亿元）**

44.8%。该图也显示出河北省在规模以上企业总资产量上远远大于北京和天津市，是北京的 1.1 倍，是天津的 1.7 倍，体现出了河北省是我国经济大省的地位。

除此之外，从京津冀整个区域来看，规模以上企业总资产额 5 年上升的比较平缓，由 2011 年的 7.24 万亿元上升到 2015 年的 10.68 万亿元，增长了 47.6%。但是京津冀的区域资产总额和全国总资产的比重整体上呈现 V 型发展，从 2012 年的占比 10.69%下降到 2013 年的 10.40%，下降幅度较大，曲线达到谷底；之后又以年均 0.025%的速度缓慢上升，到 2015 年京津冀地区规模以上企业的资产总额占全国资产总额的 10.45%（图 2-2）。

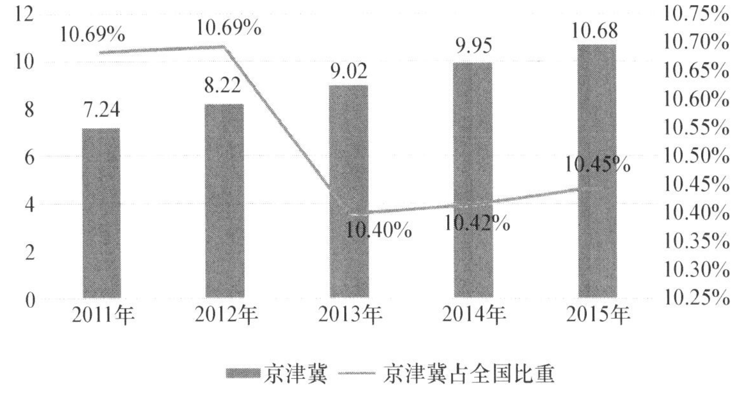


**图 2-2　2011—2015 年京津冀地区规模以上企业总资产（亿元）及占全国比例（%）**

## 二、规模以上企业主营业务收入情况

主营业务收入反映了企业的整体经营和盈利状况。京津冀按各地区的主营业务收入情况5年来表现出稳速上升的趋势，2015年京津冀三个地区规模以上企业主营业务收入分别达到1.886万亿元、2.797万亿元、4.572万亿元。从增长率上来看2015年的数值分别是2011年京津冀地区主营业务收入的1.197、1.325和1.137倍（图2-3）。

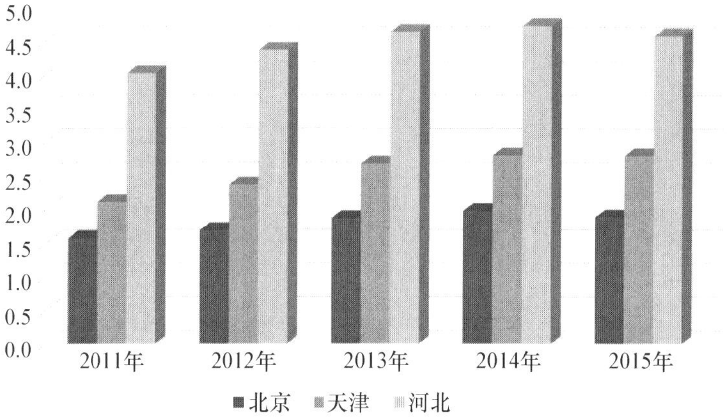


**图2-3　2011—2015年京津冀地区规模以上企业主营业务收入（万亿元）**

同资产总量一样，从全国范围内来讲，京津冀地区主营业务收入总量占全国主营业务收入总量的比值表现出逐步降低的趋势。2011 年京津冀地区主营业务收入总量占到全国的 9.13%，到 2015 年这个比例值降为 8.34%（图 2-4 至图 2-6）。

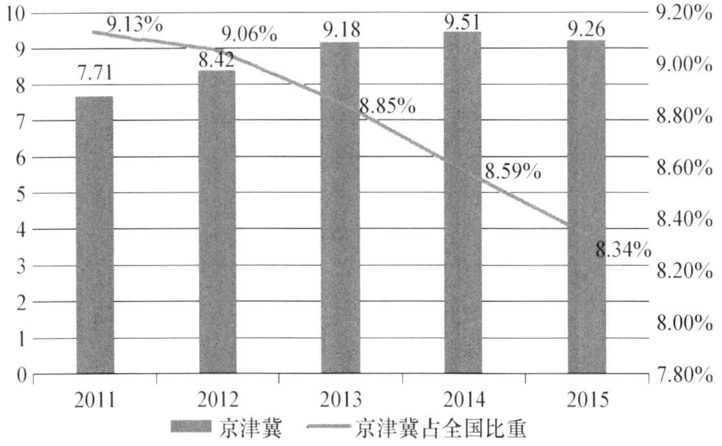


**图 2-4　2011—2015 年京津冀地区规模以上企业总资产占全国比例（%）**

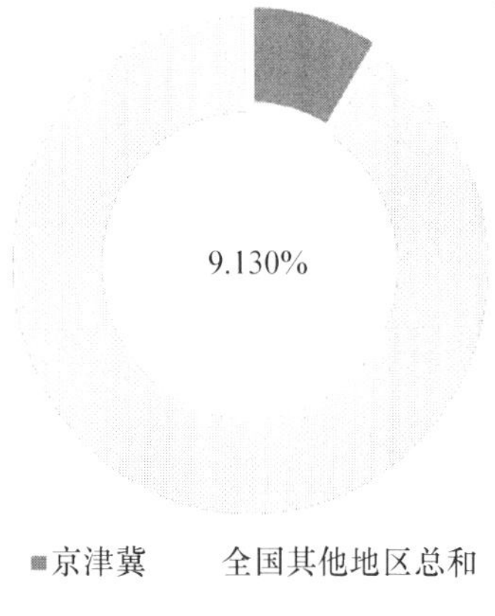


**图 2-5　2011 年京津冀主营业务占全国比重**

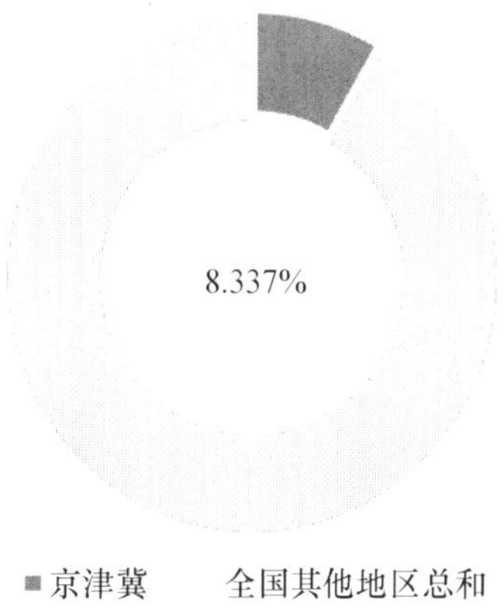


**图 2-6　2015 年京津冀主营业务占全国比重**

## 第二节　资金资源

创新的资金资源是一个地区科技创新的必要条件，资金资源的多少直接影响到一个地区的创新水平。本部分主要分析研究与试验发展（R&D）经费情况和研究与试验发展（R&D）经费强度情况。

### 一、研究与试验发展（R&D）经费情况

研究与试验发展（R&D）经费是衡量一个区域科技投入的重要指标。R&D 经费总额则反映一个地区 R&D

活动投入规模的重要指标，人均 R&D 经费是反映其投入强度的重要指标。R&D 经费与 GDP 的比值是国内外衡量一个国家或一个区域创新能力的重要指标，也是反应一个国家和地区 R&D 投入强度的重要指标。

由图 2-7 可以看出，北京市的 R&D 经费总额表现出逐年上升的趋势，由 2011 年的 936. 60 亿元上升到 2015 年的 1 384. 02 亿元，比 2011 年提高了 447. 42 亿元，增幅为 47. 77%，每年的 R&D 经费总额上升趋势比较均衡，增额保持稳定。人均 R&D 总额，总体表现为逐年上升趋势，增长也比较稳定，由 2011 年的人均 4 638. 93 元上升到 2015 年的 6 375. 05 元，增加了 1 736. 12 元，增幅为 37. 43%。北京市 R&D 经费的投入与北京市的生产总

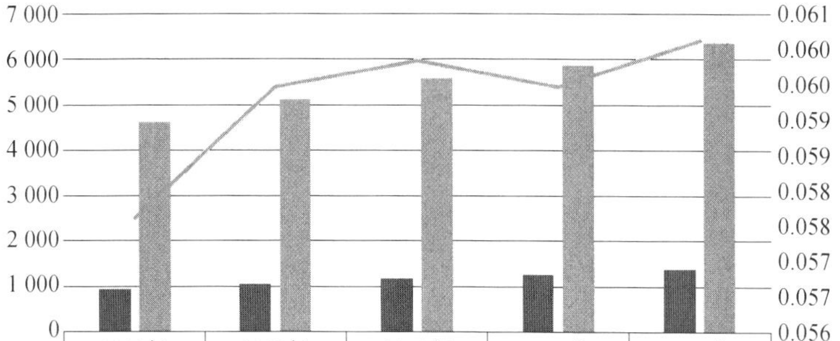


| | 2011年 | 2012年 | 2013年 | 2014年 | 2015年 |
|---|---|---|---|---|---|
| | 936.60 | 1 063.40 | 1 185.00 | 1 268.80 | 1 384.02 |
| | 4 638.93 | 5 139.68 | 5 602.84 | 5 895.91 | 6 375.05 |
| | 0.057 630 078 | 0.0.59 476 269 | 0.059 846 037 | 0.059.481 98 | 0.060 136 77 |

**图 2-7 2011—2015 年北京市 R&D 经费情况**

值之比，2014 年表现出轻微的下滑迹象，由 2013 年的 5.98%下降到 5.95%，下降了 0.03 个百分点，但是整体上表现出上升趋势，由 2011 年的 5.76%上升到 2015 年的 6.01%。由此可见，北京市随着经济的发展对于 R&D 活动发展越来越重视，不断加大 R&D 经费的投入，也不断提高其投入力度。

从图 2-8 可以看出，天津市的 R&D 经费投入总量逐年递增，由 2011 年的 297.80 亿元增加到 2015 年的 510.18 亿元，五年间增加了 212.38 亿元，增幅为 71.32%，增长趋势比较稳定。人均 R&D 经费投入的增长趋势也比较稳定，逐年上涨，由 2011 年的人均 2 197.79 元增加到 2015 年的 3 297.89 元，人均增加了

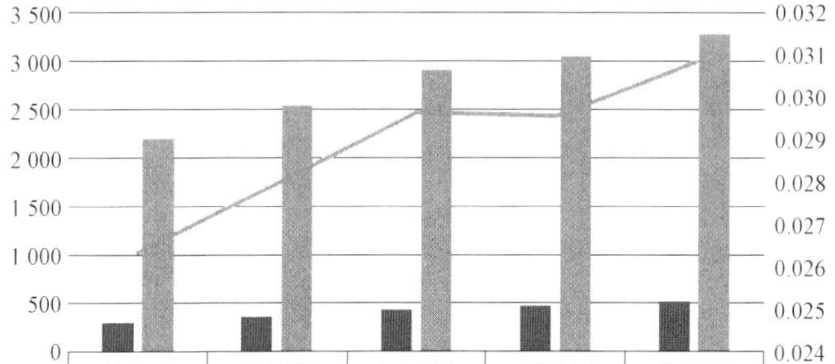


| | 2011年 | 2012年 | 2013年 | 2014年 | 2015年 |
|---|---|---|---|---|---|
| R&D经费 | 297.80 | 360.50 | 428.10 | 464.70 | 510.18 |
| 人均R&D | 2 197.79 | 2 551.31 | 2 908.29 | 3 063.28 | 3 297.89 |
| R&D/GDP | 0.026 337 015 | 0.027 959 001 | 0.029 643 688 | 0.029 548 043 | 0.030 848 837 |

**图 2-8　2011—2015 年天津市 R&D 经费情况**

1 100.1元，上升比例为 50.05%。天津在 R&D 经费投入与 GDP 比值方面，也表现出上升趋势，除了 2014 年的下滑了 0.01%，其他年份也都平缓加大 R&D 经费的投入比重，由 2011 年的 2.63%上升到 2015 年的 3.08%。说明天津市也越来越重视 R&D 活动，不断加大 R&D 经费的投入比重。但是在 R&D 经费投入总量、人均 R&D 经费量和 R&D 与 GDP 比值方面都与北京市有一定差距。

从图 2-9 可以看出，河北省 R&D 经费投入总量也表现出逐年上升趋势，由 2011 年的 201.30 亿元增加到 2015 年的 350.87 亿元，增加了 149.57 亿元，增幅 74.30%，增长比较稳定，但增幅较大。人均 R&D 经费投入的增长趋势稳定且逐年递增，由 2011 年的人均 278.00 元增加到 2015 年的 472.55 元，人均增加了 194.55 元，上升比例为 69.98%。在 R&D 经费投入与 GDP 比值方面，河北省表现出平缓上升趋势，由 2011 年的 0.82%上升到 2015 年的 1.18%。可以看出，河北省也越来越认识到 R&D 活动重要性，不断加大 R&D 经费的投入量。但是，目前河北省在 R&D 经费投入总量、人均 R&D 经费和 R&D 经费与 GDP 之比方面与北京市、天津市还存在很大的差距。

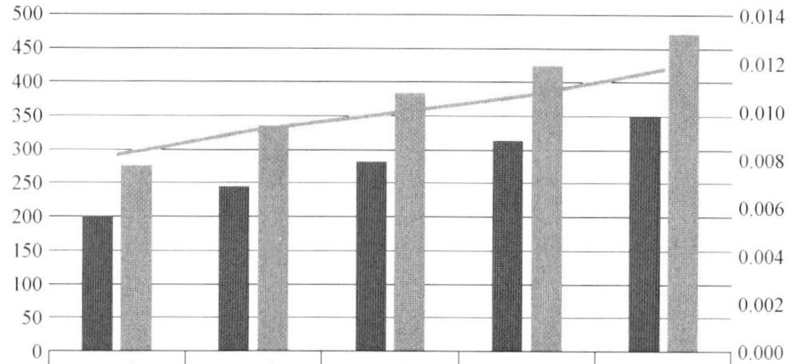


| | 2011年 | 2012年 | 2013年 | 2014年 | 2015年 |
|---|---|---|---|---|---|
| R&D经费 | 201.30 | 245.80 | 282.50 | 314.20 | 350.87 |
| 人均R&D | 278.00 | 337.27 | 385.24 | 425.51 | 472.55 |
| R&D/GDP | 0.008 | 0.009 | 0.010 | 0.011 | 0.012 |

**图 2-9　2011—2015 年河北省 R&D 经费情况**

## （一）按活动类型分

按照活动类型来进行划分，R&D 经费投入基础研究、应用研究和实验发展三个方面。R&D 经费各个类型所占比例如图 2-10 所示。

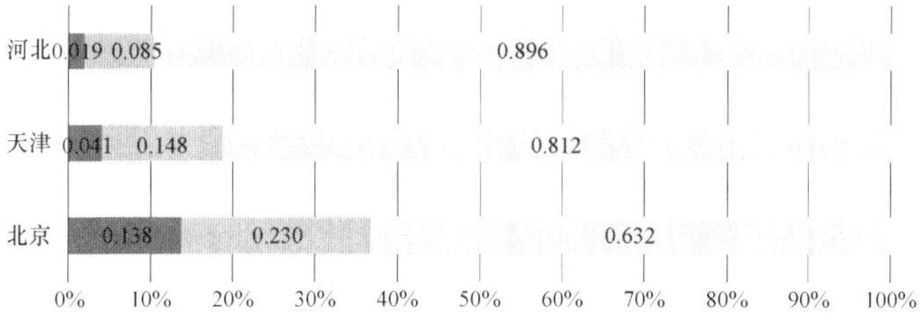


| | 北京 | 天津 | 河北 |
|---|---|---|---|
| 基础研究 | 0.138 | 0.041 | 0.019 |
| 应用研究 | 0.230 | 0.148 | 0.085 |
| 试验发展 | 0.632 | 0.812 | 0.896 |

**图 2-10　2015 年京津冀地区各活动类型 R&D 经费占经费总额比重**

从图 2-10 可以看出，京津冀 2015 年 R&D 经费总额按基础研究、应用研究、实验发展划分所占份额比例情况。2015 年京津冀地区 R&D 经费支出类型是以试验发展为最主要部分，占到总 R&D 经费的 60%以上，其中以河北省为最多达到 0.896，接近 90%；天津其次，为 0.812；北京最少，为 0.632，充分反映了京津冀地区加大了对试验研究的投入力度。但是对于基础研究和应用研究方面的经费占额比重是北京居于首位，天津第二，河北最少。在应用研究投入经费所占比重方面，北京最高，达 0.230，其次是天津，达 0.148，最少是河北省，为 0.085。北京的基础研究经费所占总 R&D 经费比重最大，达 0.138，河北省最少，达 0.019，不到总量的 2%。

（二）按活动主体分

研究与试验发展（R&D）经费是指报告年内从各种渠道筹集到的计划用于 R&D 活动的经费。按照资金的来源 R&D 经费大致可以划分为政府资金、企业资金、国外资金和其他资金四种。2015 年北京市筹集 R&D 经费总额 1 384.02 亿元，天津筹集 R&D 经费 510.18 亿元，河北省筹集 R&D 经费总额 350.87 亿元。

从图 2-11 中可以看出，京津冀地区 R&D 经费总额来源于政府资金、企业资金、国外资金和其他资金的分部情况。北京的 R&D 经费来源主要是政府资金，占 57.2%，超过一半以上，其次是来源于企业的资金，占 34.1%，而来源于国外资金和其他资金则很少，不足 10%。对于天津和河北地区来说，R&D 的资金最主要来源都是企业资金，天津 R&D 经费的企业来源占 73.6%，河北的 R&D 经费来源企业则占 81.3%，占据了全部经费来源的大半部分，这点与北京不同；其次是来自政府资金，天津 R&D 经费来自政府的占 20.5%，河北的则占 15.3%；国外资金和其他资金所占的 R&D 经费投入比例都最少，不足 6%。进一步调动企业尤其是大中型企

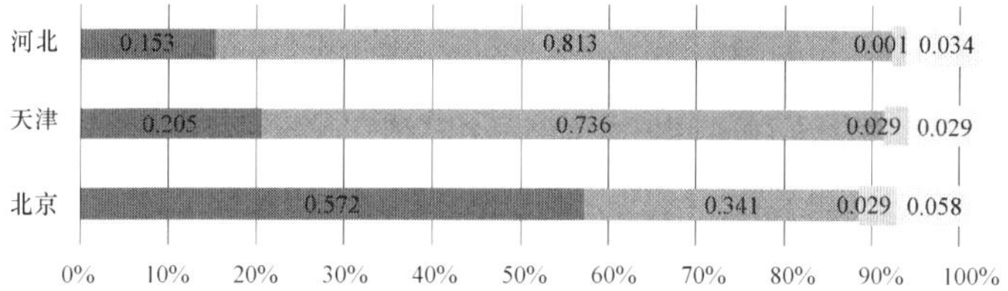


| | 北京 | 天津 | 河北 |
|---|---|---|---|
| 政府资金 | 0.572 | 0.205 | 0.153 |
| 企业资金 | 0.341 | 0.736 | 0.813 |
| 国外资金 | 0.029 | 0.029 | 0.001 |
| 其他资金 | 0.058 | 0.029 | 0.034 |

**图 2-11　2015 年京津冀地区按资金来源分 R&D 经费占经费支出比重**

业的科技投入的积极性，是北京市在科技资源配置中着重需要解决的问题。

## 二、研究与试验发展（R&D）经费强度情况

研究与试验发展（R&D）经费投入强度指的是社会研究与试验发展（R&D）经费支出与国内生产总值（GDP）之比。R&D经费强度反映的是一个地区创新资金投入的相对量，也是衡量一个国家或一个区域创新能力的重要指标。根据数据显示，来自全球一百多个国家的创新指标与GDP之间存在着显著的正相关关系，呈现出此增彼长的态势。对京津冀地区而言，这个规律依然适用。

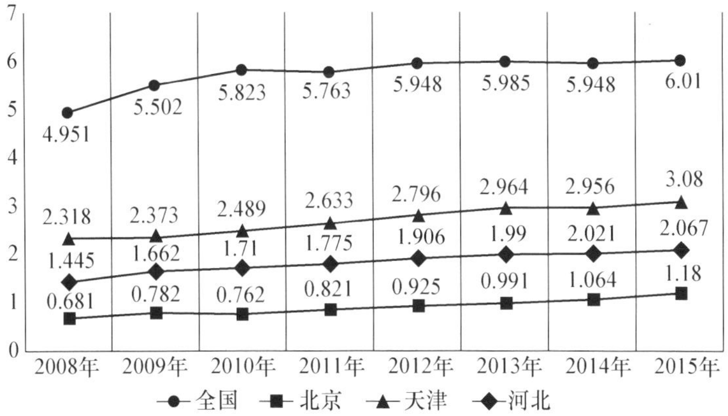


**图 2-12　2008—2015 年京津冀地区和全国 R&D 强度对比图**

从 2008—2015 年京津冀地区的 R&D 经费强度变化趋势图可以看到：北京作为全国的创新中心，其牢牢占据着龙头老大哥的地位，已经把天津和河北乃至全国的大部分地区都远远地甩在身后，北京对于 R&D 经费强度的投入逐年加大，平稳上升，北京在 2015 年这个数值达到 6.01%，是同时期天津的 1.95 倍，是全国的 2.907 倍，是河北省的 5.093 倍。其次是天津，每年的 R&D 经费强度投入强度也领先于全国水平，且 R&D 经费强度持续提高，到 2015 年，天津的经费强度达到 3.08%，是全国水平的 1.49 倍，同时也是河北省的 2.61 倍。最后是河北省，低于全国平均水平，仅占全国平均水平的 57.1%。显而易见，河北省在 R&D 经费强度方面处于全国落后地位，应当进一步加大其 R&D 经费的投入强度。

## 第三节　人力资源

随着科技的发展，高科技人才逐渐发挥出不可替代的强大作用，在当今国家间的竞争中，人才的竞争成了重要战略。人力资源作为科技资源的核心资源，对于经济社会的发展起到主要作用。科技人力资源的规模与质量已经成为一个国家提高创新能力的国际竞争力、取得持续稳定发展的关键性因素。科技人力资源主要是指从事系统性科学和技术知识的产生、提高、扩散和运用活动的人力资源。我们在本部分主要从京津冀地区大专以上学历毕业情况和专业技术从业人员两部分进行分析研究。

## 一、大专以上学历人员

京津冀地区是一个人口高度集中，高度密集的区域。根据国家统计局统计数据可知，2015 年北京市大专以上学历人口总量为 1 341.06 万人，每万人口中拥有大专以上学历的人员总量为 6 177.15 人，是全国平均每万人口拥有大专人数的 3.21 倍，是同期天津的 1.79 倍，是河北省的 4.21 倍；天津市的大专以上人口总量为 532.4 万人，每万人口中拥有大专以上学历的人员总量为 3 441.50人，是全国平均水平的 1.79 倍，是河北省的 2.35 倍。由此可以看出，北京和天津都是整体文化程度较高的城市，高于全国平均水平，处于领先地位。河北省同期的大专以上学历人员总量为 1 088.25 万人，总体上高于天津市人才总量，但低于北京市；每万人口拥有大专以上学历人员量为 1 465.66 人，低于全国平均水平。也就是说，河北省人口总量众多，专科以上文化程度的人口总量不少，是人力资源较多的省份，但相对指标却低于全国平均水平，表明河北属于人力资源相对匮乏的地区（图 2-13）。

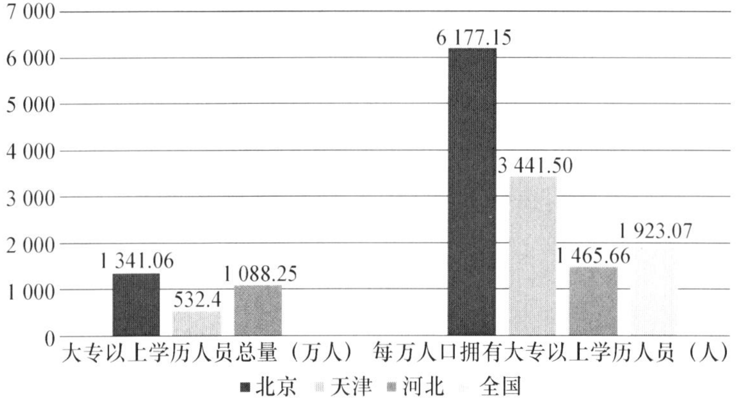


**图 2-13　2015 年京津冀地区大专以上学历人员情况**

## 二、专业技术人员情况

专业技术人员是指国有地方企事业单位的工程技术人员、农业技术人员、科学研究人员、卫生技术人员以及教学人员等其他专业技术人员。2015 年，北京地区公有经济企事业单位专业技术人员达到了 52.4 万人；同期，天津市地区公有经济企事业单位专业技术人员达到30.49万人；河北省则是116万人，约占全国专业技术人员总量3 087.8万人的3.76%，是北京市的2.21倍，是天津市的3.80倍，体现出了河北省的人口总量大的优势。

分析京津冀地区公有经济企事业单位专业技术人员比重统计发现（图2-14），三个地区的专业技术人员均以教学人员居多，占到专业技术人员总人数约40%以上，其中又以河北省为最甚，占到专业技术人员总量的66.5%，这是因为在教学人员中，具有较高创新能力的是高等院校的科研和教学人员，所以体现出对教学人员的创新产出比较重视。其次是工程技术和卫生技术人员，

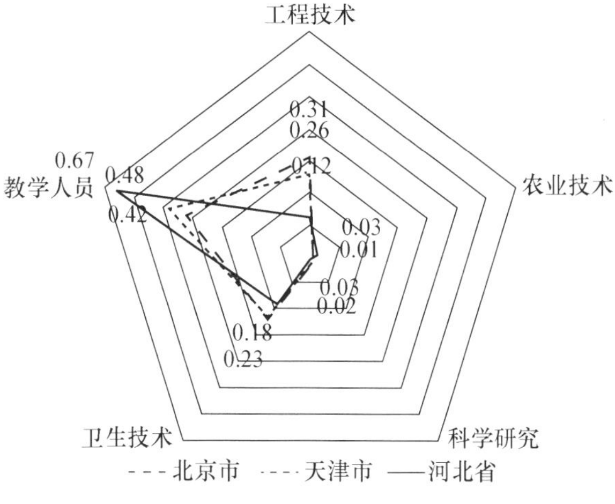


**图2-14　2015年京津冀地区公有经济企事业单位专业技术人员比重（%）**

也占到了不小的比重。而对于从事农业技术、科学研究的专业技术人员所占比重都较少，不足3%。

由以上数据可知，京津冀地区从事农业技术和科学研究人员比重太少，制约着京津冀的创新能力的提高；尤其是河北省作为农业大省，农业技术研究人员占比不到3%，这与河北省作为经济大省、农业大省的地位不相匹配。

## 第四节　技术资源

科技创新产出是反映地区科技创新能力的重要标志，也是衡量一个地区创新系统是否有效的重要指标。一个区域只有具有较高的科技产出，才具备较强的创新能力。科技创新产出主要是科学论文、专利、著作和新产品等。本部分主要分析万名R&D研究人员有效专利拥有量和国外主要检索工具收录的科技论文情况。

### 一、万人专利拥有量

专利是科技活动的重要产出之一，一个地区的专利数据既可以反映该地区从事科技活动的质量，也是评价不同地区间创新能力、创新产出等的重要指标。专利情况既可以反映技术发明的活度也能反映自由知识产权拥有量和市场竞争的能力与潜力。每万从业人员的有效专利拥有量是衡量衡量一个国家或区域创新能力的重要指标。

由图 2-15 可以看出，京津冀及全国地区的万名 R&D 研究人员有效专利拥有量均表现出逐年递增的趋势，尤其是北京地区，其增速最快，由 2011 年的 4 419.51 件增加到 2015 年的 9 834.48 件，增加了 1.23 倍，并且由低于全国水平变为远远超过全国水平，说明近年来北京市的有效专利新增量要远超全国平均水平，其创新能力也可见一斑。天津市的万名 R&D 研究人员有效专利拥有量也表现出稳定上升趋势但其升幅比较缓

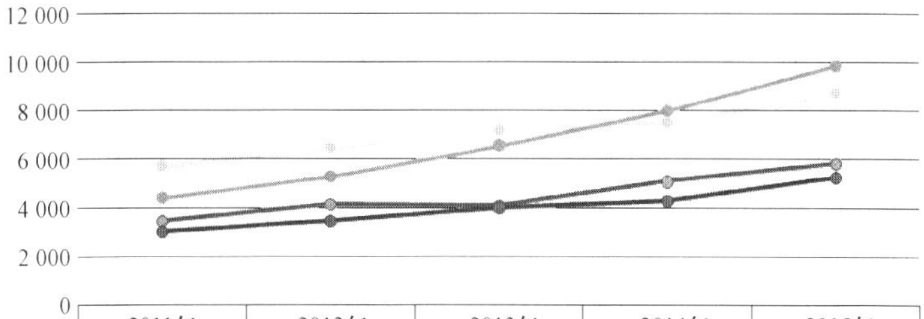


| | 2011年 | 2012年 | 2013年 | 2014年 | 2015年 |
|---|---|---|---|---|---|
| 全国 | 5 732.35 | 6 508.44 | 7 245.46 | 7 235.05 | 8 741.14 |
| 北京 | 4 419.51 | 5 288.68 | 6 560.35 | 8 003.93 | 9 834.48 |
| 天津 | 3 467.28 | 4 139.49 | 4 074.70 | 5 096.91 | 5 839.08 |
| 河北 | 3 024.23 | 3 471.64 | 4 009.88 | 4 290.78 | 5 265.66 |

**图 2-15　京津冀及全国地区万名 R&D 研究人员有效专利拥有量（件）**

慢，离全国水平还有很大差距。河北省的万名 R&D 研究人员有效专利拥有量逐年增加，由 2011 年的 3 024.23 件增加到 2015 年的 5 265.66 件，增加了 0.74 倍，其增长幅度虽不及北京市，但却有赶超天津之势。

## 二、万人发表论文数

科学活动的主要产出是新的知识的产出，主要产出形式是科技论文的出版。科技论文的产出是直接反映一个地区 R&D 活动的产出的重要指标，也可以反映该地区的新知识的创新能力程度。

据国外主要检索工具收录我国的科技论文数据可知，2014 年我国被 SCI 收录的科技论文共 235 139 篇，其中，北京市被收录的科技论文量为 42 777 篇，占 18.2%；天津市被收录 6 745 篇，占 2.9%；河北省被收录 2 993 篇，占 1.3%。

2015 年河北省的万名 R&D 研究人员论文发表量达到了 193.03 篇，同期的天津市的万名从业人员的论文发表量则高达 411.09 篇，是河北省的 2.13 倍，接近全国水平。北京市的万名 R&D 研究人员论文发表量高达

1 246.54篇，远远超出全国水平，是河北省的 6.46 倍，是天津市的 3.03 倍，是全国的 2.84 倍（图 2-16）。

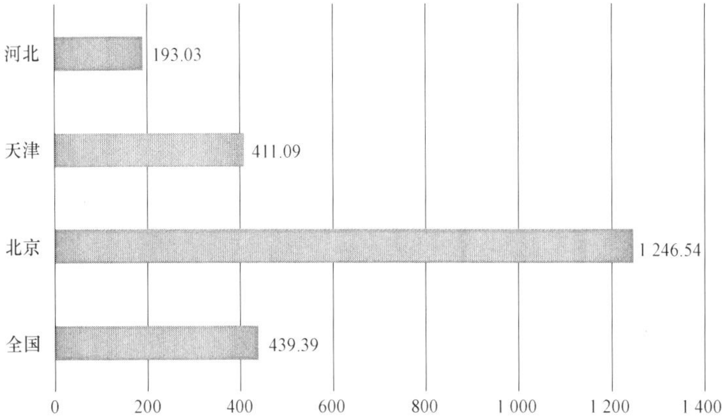


**图 2-16 2015 年京津冀及全国万名 R&D 研究人员论文发表量（篇）**

数据来源：《中国科技统计年鉴 2016》中统计的 SCI 收录论文。

# 第三章 知识创造

知识创造即创造新知识，是衡量区域创新能力水平的重要指标之一，同时也是区域进行技术创新的基础。知识创造反映出区域的科研产出能力、知识传播能力和科技整体实力。本章从专利和论文两个角度来分析京津冀三地区的知识创造水平，以及京津冀区域的总体创造能力。

## 第一节 专利情况

专利是反映某一地区科技活动产出的一个重要指标。专利即专有的利益和权力，依专利法进行申请，获得授权，在专利有效期内受法律保护。按专利的用途可分为发明专利、实用新型专利和外观设计专利。其中，发明专利最为主要，技术含量也最为高。前文已从存量角度分析了京津冀的专利拥有量，本章呈现的是区域知识创造能力，从效率能力分析，选取的指标数据为专利申请受理量和专利申请授权量。本节重点分析京津冀地区的人力投入以及资金投入的发明专利产出效率。

## 一、人均专利效率

人均专利效率是反映某一地区单位科技人员投入的专利产出的重要指标。采用此指标是为了剔除研究人员数量对专利的影响进行的科技成果（专利）比较。本节分别从万名研究人员发明专利申请数和万名研究人员发明专利授权数两个指标进行细致分析。

专利申请量是指经国务院专利行政部门受理技术发明申请专利的数量，是衡量技术活动活跃度以及谋求专利保护积极性的指标之一。某区域专利申请数量越多，则这区域的创新活力越强。我国发明专利申请量逐年上涨，由2011年的150.46万件上升到2015年的263.94万件，增加了113万多件，涨幅达75%，足见我国正在加力走创新驱动的可持续经济道路。聚焦京津冀区域的2015年发明专利申请量达28.03万件，较之2011年，多了14.62万件，是2011年的2.09倍，涨幅远高于全国总水平，从总量看京津冀区域具有较强创新活力。

为了更好呈现效率水平，本报告对全国、北京、天津、河北以及京津冀总体发明专利申请数据进行了均量处理，最终指标具体如图 3-1 所示。

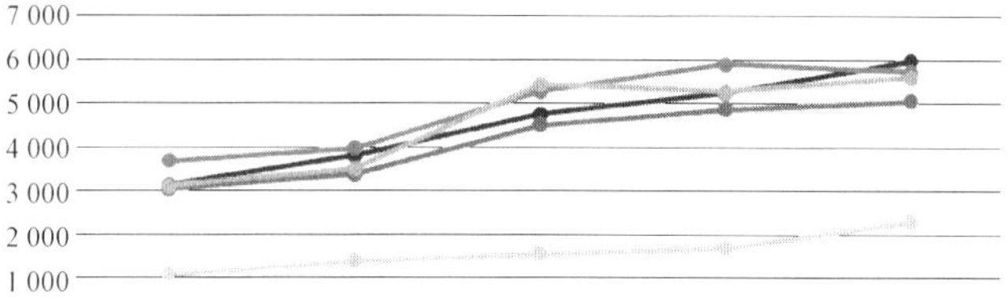


| | 2011年 | 2012年 | 2013年 | 2014年 | 2015年 |
|---|---|---|---|---|---|
| 全国 | 3 154.79 | 3 812.73 | 4 750.12 | 5 255.82 | 5 980.45 |
| 京津冀总体 | 3 051.83 | 3 376.38 | 4 508.37 | 4 864.97 | 5 059.62 |
| 北京 | 3 698.85 | 3 986.51 | 5 292.18 | 5 900.50 | 5 740.93 |
| 天津 | 3 119.99 | 3 517.62 | 5 442.35 | 5 269.89 | 5 604.35 |
| 河北 | 1 111.99 | 1 400.81 | 1 565.93 | 1 700.23 | 2 317.21 |

**图 3-1　2011—2015 年京津冀地区人均发明专利申请量对比图（件/万人）**

从图 3-1 中可以看出，全国人均发明专利申请量整体上呈均势上涨，由 2011 年 3 154 件增加到 2015 年的 5 980件，增加 89.57%，表明全国研究人员的综合创新产出效率得到大大提高。趋势图中北京地区的人均发明专利申请优势明显，2011—2014 年都高于全国总体水平，但 2015 年人均专利申请量为 5 740 件却略低于全国的5 980件，经过分析数据发现，2015 年北京研究人员数突涨了 2 万人，均分了专利申请量，从而导致均量数据偏低。天津地区在全国总体水平上下轻微波动，而河北地区的人均专利申请量虽稳步上升中，但却远落后于京津地区，2015 年北京、天津分别是河北的 2.47 倍和 1.63 倍，说明京津冀区域间创新差异明显，区域协同创新效应明显。而从京津冀总计来看，也表明京津冀区域具有较强的创新活力。

专利授权量是指经国务院专利行政部门授权的专利权的数量，是国际上通用的衡量创新绩效的最重要的指标之一。专利授权数量越多，反映该区域的创新产出能力水平越高。从科技统计年鉴中整理的数据看，我国专利授权量稳步上升，从 2011 年的 88.38 万件上升至 2015 年的 159.69 万件，增加 71 万多件，涨幅为 80.68%，大于申请数的增长，说明我国申请的专利的质量越来越好。北京地区 2015 年有 94 031 件专利获得授权，占全国比例的 5.88%，京津冀合计占比 10.11%。从 2015 年专利授权数的构成来看，北京地区的发明专利授权比例为 37.55%，远远高于全国发明专利的授权，发明专利的技术含量也最高，说明北京在京津冀地区中，无论是从质还是量上，对于京津冀一体化创新发展都起着重要引导作用（图 3-2）。

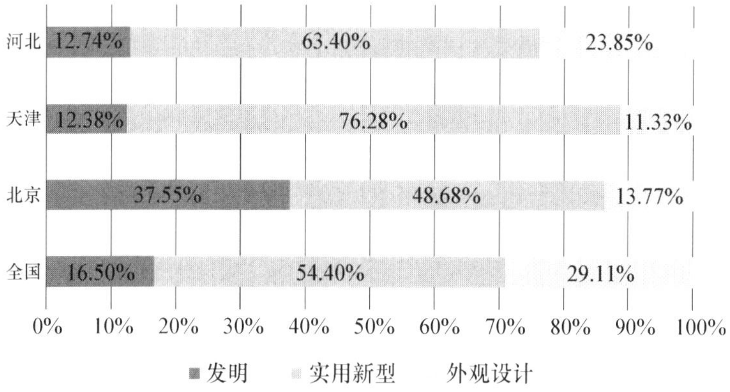


**图 3-2　2015 年京津冀地区三种专利授权量对比图**

同样地，在进行效率水平分析时，将全国、北京、天津、河北以及京津冀总体发明专利授权数据进行了均量处理，最终指标具体如图 3-3 所示。

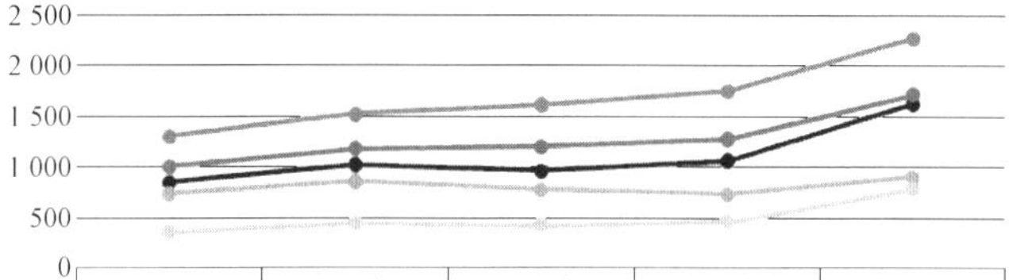


| | 2011年 | 2012年 | 2013年 | 2014年 | 2015年 |
|---|---|---|---|---|---|
| 全国 | 852.35 | 1 024.54 | 967.19 | 1 067.26 | 1 627.12 |
| 京津冀总体 | 1 005.47 | 1 184.24 | 1 203.30 | 1 275.54 | 1 720.83 |
| 北京 | 1 303.63 | 1 522.92 | 1 621.25 | 1 754.92 | 2 279.33 |
| 天津 | 742.48 | 861.09 | 778.93 | 738.74 | 908.96 |
| 河北 | 351.22 | 443.32 | 429.03 | 466.48 | 790.31 |

**图 3-3　2011—2015 年京津冀地区人均发明专利授权量对比图（件/万人）**

从图 3-3 中可以发现，北京地区专利授权量涨幅最为明显，其2011年到2015年涨幅高达74.8%。但京津冀三地的人均发明专利授权量水平间的距离却十分明显——北京地区人均发明专利授权量远高于津冀两地人均发明专利授权量，且高于全国综合水平。比如，2015年北京地区人均授权量为2 279件，高于全国综合水平40%以上，高于天津地区50%以上，更是高出河北地区88.4%。从京津冀合计数据看，三地综合人均专利授权量在2011年至2015年呈稳健上升趋势，并高于全国综合水平，日后京津冀专利资源共享，能促进科技资源效应的有效发挥。

## 二、资金专利效率

资金专利效率是反映某一地区单位资金投入的专利产出。采用此指标是为了剔除研究地区资金投入对专利的影响进行的科技成果（专利）比较。地区GDP为一个地区生产总值，不仅代表地区的经济表现情况，也反映了一地区的财富水平情况，本节以地区GDP代替地区资金的投入，以亿元GDP专利申请量来衡量地区资金专利效率。

据中国统计年鉴统计，2015年京津冀三地区的GDP

值分别为 23 014.59 亿元、16 538 亿元、29 806.11 亿元，河北省 GDP 最高。而三地专利申请数分别为 77 955 件、38 489 件、17 595 件，河北省专利申请数远小于京津两区的量，可见河北省的专利科技产出偏弱，相反北京的专利产出较之更强（图 3-4）。

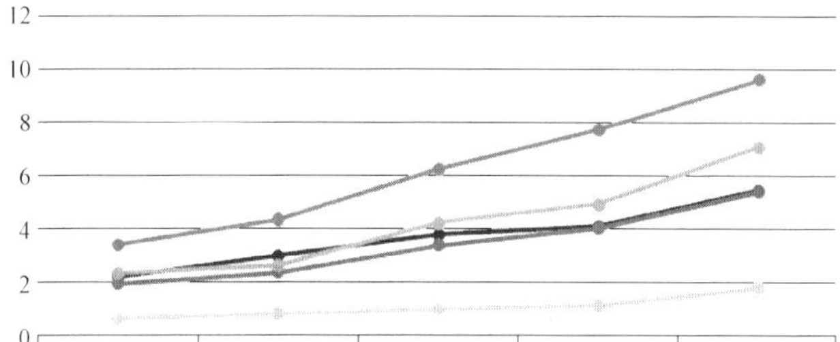


| | 2011年 | 2012年 | 2013年 | 2014年 | 2015年 |
|---|---|---|---|---|---|
| 全国 | 2.19 | 2.97 | 3.78 | 4.10 | 5.44 |
| 京津冀总体 | 1.93 | 2.35 | 3.38 | 4.04 | 5.38 |
| 北京 | 3.39 | 4.33 | 6.23 | 7.72 | 9.62 |
| 天津 | 2.33 | 2.61 | 4.22 | 4.92 | 7.07 |
| 河北 | 0.59 | 0.79 | 0.97 | 1.13 | 1.80 |

**图 3-4　2011—2015 年京津冀地区亿元 GDP 专利申请量对比图（件/亿元）**

从图 3-4 中可以看出，北京地区的资金专利效率不仅远高于河北，且与全国综合水平相比，知识创造具有明显优势。2015 年北京资金专利效率为 9.62，其次是天津，为 7.07，北京比天津高 36%，几乎是河北省的 5 倍多，京津冀三地之间技术资源产出相差悬殊。纵向对比看，北京地区 2011—2015 年间的资金专利效率的涨幅明显，2015 年达到 2011 年的 2.84 倍，而相对效率本就较低的河北省，也仅仅翻了 3.04 倍，从这点看，北京地区技术基础雄厚且发展潜力强，河北省则具有很大激发空间。京津冀总体和全国综合水平比较，京津冀总体这 5 年数据看是略低于全国综合效率，但是两者差距正在逐渐缩小。

## 第二节 论文情况

科技论文是知识创造的重要标志，反映了知识扩展的增量，为区域的技术创新奠定了强大的理论基础。科技论文发表量是衡量地区科技产出的重要指标之一，因此是衡量创新绩效的重要因素。目前收录我国的科技论文主要检索工具有 SCI、EI、CPCI-S，本报告采用 SCI 数据库统计出来的结果。SCI 是目前国际上最具权威性的用于基础研究和应用研究科研成果的评价体系，其成果与 R&D 活动最为相关。本节将从科技论文水平和科技论文效率两方面进行数据阐述。

### 一、科技论文水平

科技论文水平是反映某一地区对全国的科研的贡献

水平，具体指标为地区科技论文总量占全国比重。我国的科技论文被SCI收录量稳步逐年递增，2010年的收录量仅121 530篇，但2014年却在此基础上翻了近2倍，这是各个地区在科研方面共同努力的成果。图3-5聚焦京津冀三地，分析近五年三地对全国科研活动的贡献。

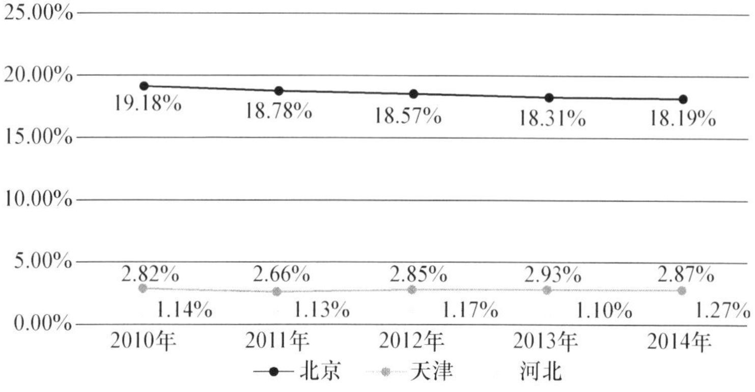


**图3-5　2010—2014年京津冀地区科技论文总量占全国比重对比图**

从图3-5中可以直观地看出，2010—2014年京津冀地区科技论文水平的明显差距，北京远高于津冀地区居首位，天津略优先于河北居次位。北京地区这五年内科技论文被收录总量达156 453篇，占全国总量的18.5%，科研水平于全国处于优先水平。地理上相邻的津冀两地五年被收录合计量为33 866篇，占全国总量的4.01%，仅占北京21.6%。从时间趋势看，京津冀地区五年间的科技水平较为平稳，波动不大。综上，京津冀地区科研距离悬殊，科研综合水平较全国平均具有优势，区域科研协同绩效明显。

## 二、科技论文效率

科技论文效率是反映一个地区科学研究人员的科研成果产出效率的重要指标。科技论文量的比较仅描述了地区的技术资源的大小，而科技论文效率能更准确地反映地区的科研结构以及高校的科研成果产出能力，即论文知识创造潜力。本部分用万人研究人员的论文数来具体表示此指标。

图 3-6 中清晰地显示出，京津冀地区的科技论文水平都呈逐年上升趋势。北京地区上升浮动最大，2014 年的科技论文效率为 3 231 篇/万人，较 2010 年增加 1 057 篇/万人，科技水平提高 48%。横向看 2014 年京津冀三区，北京地区遥遥领先于津冀地区，天津效率为北京的 47%，甚至不及北京 2010 年的效率，而河北 2014 年的效率水平为 611 篇/万人，不及北京效率的五分之一，以上数据深刻地反映了京津冀三地之间差距之大。与全国

的综合科技效率比较，天津地区大致处于全国中间水平，北京地区在全国范围内处于领先效率地位，而河北地区属于稍落后地位。

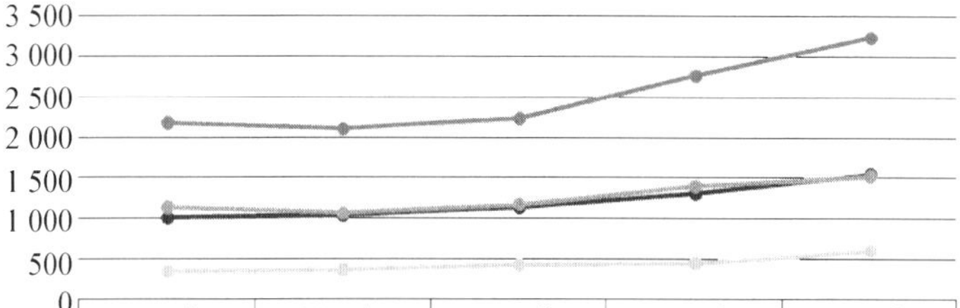


| | 2010年 | 2011年 | 2012年 | 2013年 | 2014年 |
|---|---|---|---|---|---|
| 全国 | 1 004 | 1 035 | 1 130 | 1 298 | 1 543 |
| 北京 | 2 174 | 2 104 | 2 227 | 2 764 | 3 231 |
| 天津 | 1 134 | 1 067 | 1 170 | 1 400 | 1 520 |
| 河北 | 347 | 368 | 424 | 453 | 611 |

**图 3-6　2010—2014 年京津冀地区科技论文效率对比图（篇/万人）**

# 第四章　创新极培育

“创新极”是一个用来描述创新在经济增长中作用的概念，其含义是，一个创新机构或群体在一个国家或地区的创新活动中起着推动作用、居于领导地位。区域中具有显著溢出性和带动性的创新主体构成的网络就是创新极，对创新极的培育能够有效提高区域创新能力，从而实现区域的繁荣和发展。由于数据收集的原因，本章涉及的产业均采用了高新技术企业的数据代表。本章我们主要聚焦于京津冀区域的高新技术企业、高校以及科研机构，从产业创新活力、区域创新极培育环境以及区域经济发展水平等几个方面对创新极培育进行全面分析，更深层次的了解京津冀的创新水平。

## 第一节　产业创新活力

### 一、产业创新投入

通常情况下，研发经费的投入是创新产出的必要条件，二者是正相关的，没有投入就没有产出。因此，要研究一个地区的创新能力情况，分析该地区各创新主体的研发投入经费是必要的。

技术改造经费支出指的是企业在报告年度进行技术改造而发生的费用支出，技术改造指企业在坚持科技进步的前提下，将科技成果应用于生产的各个领域，用先进技术取代落后技术，促进产品更新换代，这无疑体现了企业的创新能力。

2011—2015年，河北省技术改造经费平均28 170万元，天津市平均花费33 359万元，北京平均花费41 814万元，由此可以看出，北京在技术改造方面花费较多。2011—2014年，河北省技术改造经费逐年上升，在2015年有所下降，相较于2014年下降5.8%。天津市技术改造经费在这五年间上下波动较大，总体呈下降趋势，从2011年的72 918万元降至2015年的17 924万元，下降近76%，呈现大幅度下降趋势。从图4-1总体来看，北京市和天津市在技术改造方面的经费投入，近年来下降趋势明显，河北省却相对有所上涨，2015年相对2011年上涨了80.74%；平均来看，在技术改造方面，河北省近些年在创新技术改造方面投入了相对大量经费，说明河北省重视创新，创新活力可见一斑。

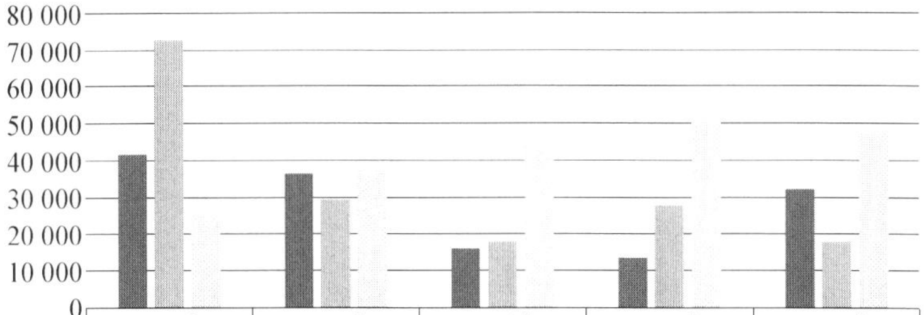


| | 2011年 | 2012年 | 2013年 | 2014年 | 2015年 |
|---|---|---|---|---|---|
| 北京 | 41 750 | 36 693 | 16 091 | 13 838 | 32 478 |
| 天津 | 72 918 | 29 536 | 18 394 | 28 022 | 17 924 |
| 河北 | 26 658 | 38 010 | 45 065 | 51 153 | 48 183 |

**图 4-1　2011—2015 年京津冀地区技术改造经费投入情况（万元）**

引进技术消化吸收是指对引进技术的掌握、应用、复制而展开的工作，以及在此基础上的创新。

2011 年河北省消化吸收费用支出 1 785 万元，之后持续大幅度增长，到 2014 年达到 6 596 万元，是同期天津市支出的 4.6 倍，是北京的 9.5 倍。2015 年出现一定下降，较 2014 年降低 28.11%，五年平均支出 4 866 万元。天津市在 2011—2015 年这五年中的支出费用在 2012 年和 2015 年出现了较大下降，2011 年支出 1 478 万元，2012 年降至 321 万元，2015 年支出 756 万元，相较于 2014 年的 1 440 万元下降了 47.5%，五年平均支出 1 071 万元。北京市在 2011—2015 年五年间的消化吸收费用支出平均为973万元，每年的支出相对于天津和北京来说都比较低。总体来说，河北省在技术改造以及技术引进消化吸收方面投入经费较多，对技术创新较为重视（图4-2）。

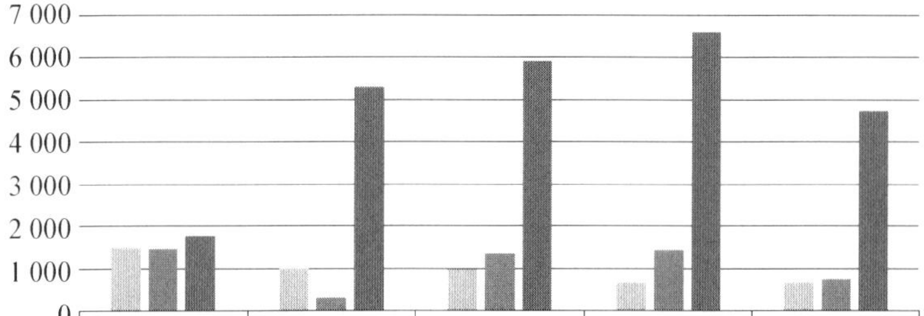


| | 2011年 | 2012年 | 2013年 | 2014年 | 2015年 |
|---|---|---|---|---|---|
| 北京 | 1 504 | 1 016 | 975 | 693 | 675 |
| 天津 | 1 478 | 321 | 1 360 | 1 440 | 756 |
| 河北 | 1 785 | 5 294 | 5 911 | 6 596 | 4 742 |

**图4-2　2011—2015年消化吸收经费投入情况（万元）**

基于图4-2可以明显看到，京津冀在技术引进和消化吸收的经费支出方面，出现了严重失衡，消化吸收费用支出远远小于技术引进改造费用的支出。2011年河北省技术改造与消化吸收费用之比约为15∶1，天津约为49∶1，北京约为28∶1；到2015年，河北省约为10∶1，天津约为24∶1，北京约为48∶1。河北与天津的情况有所改观，但是失衡现象依然严重，这种局面会极大地制约企业创新能力的提高。

## 二、产业自主创新水平

自主创新是相对于技术引进、模仿而言的一种创造活动，是指通过拥有自主知识产权的独特的核心技术以及在此基础上实现新产品的价值的过程。企业的技术创新产出很关键，因为一个地区的创新能力，创新水平在某种程度上反映在企业的创新产出上，新产品是衡量企业技术创新产出的重要指标。所以，本小节选用新产品销售收入来反映京津冀地区的创新情况。

2011—2015 年五年间，北京市新产品销售收入的平均值为 1 570.44 亿元，天津市为 1 480.081 亿元，河北省为 209.33 亿元。其中，北京地区的新产品销售收入最高，是天津地区收入的 1.06 倍，是河北省收入的 7.5 倍。北京地区的产品创新能力要优于天津和河北，相较之下，河北省的产品创新能力有待进一步提高。

从图 4-3 和图 4-4 可以看到，京津冀地区的新产品销售收入和销售总收入基本都是呈上升趋势的。其中，天津市的收入增幅最为明显：2011 年天津市新产品销售收入为 795.10 亿元，低于北京同期 46.62%，总销售收入为 2 697.40 亿元，新产品销售收入占总销售收入 29.48%；2012 年，新产品销售收入为 1 156.47 亿元，比 2011 年上涨 45.4%，低于北京同期 12.07%，与北京的差距明显缩小，新产品销售收入占总销售收入 32.79%，比重较 2011 年有所上升；2013 年，新产品销售收入为 1 822.88 亿元，较 2012 年上涨 57.6%，增幅进一步提高，此时，天津市地区新产品销售收入已经超过北京，高于北京同期 15.04%，新产品销售收入占总销售收入 42.96%，占比进一步上升；2014 年和 2015 年，天津市新产品销售收入占销售总收入的比重也逐步加大，分别为 43.89%和 41.26%，说明天津市企业正在由资本要素驱动转向创新驱动，创新产品销售收入的比重连年上升，也反映出天津市创新能力有了很大提升。

纵观京津冀五年的销售收入情况，河北省收入水平较低，但是 2011—2015 年五年间河北省的新产品销售收入和总销售收入连年递增，二者占比也越来越高，2011 年为 7.81%，2012 年为 12.77%，2013 年为 14.43%，2014 年为 17.97%，2015 年为 19.99%。虽然创新能力与创新收入不及北京和天津，但河北省也一直在进步，还有很大的提升空间。

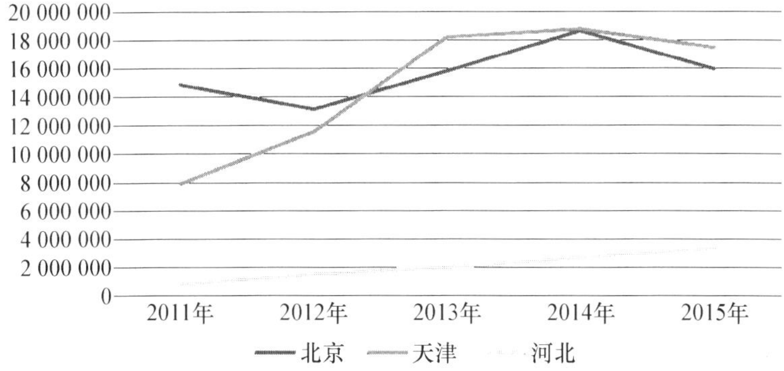


**图 4-3 2011—2015 年京津冀地区新产品收入情况（万元）**

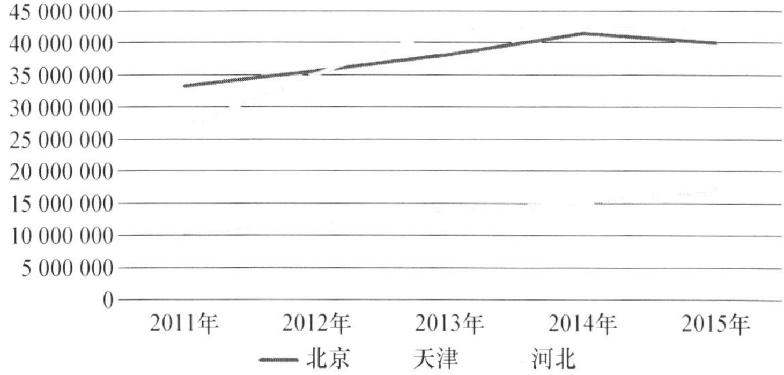


**图 4-4 2011—2015 年京津冀地区总收入情况（万元）**

## 三、吸引投资水平

世界经济的发展早已超越了传统意义上国家层面的

限制，全球一体化是必然趋势，国家间的经济联系愈发紧密。外商投资作为经济联系的标尺，在质量上呈现出稳步上升的特征，外商投资不仅可以为中国提供外国资金，还会带来溢出效应，这对中国的技术创新具有重大意义。

由图 4-5 可以看出，京津冀三地区的外商投资企业投资总额逐年递增。北京市 2011 年的投资总额为 1 343.64亿美元，2015 年增至 3 809.63 亿美元，涨幅为 183.5%。2011—2015 年北京投资总额占全国投资总额比重分别为 4.5%、4.6%、5.0%、5.2%、8.3%。天津市 2011 年投资总额为 1 148.06 亿美元，2015 年增至 1 813.28亿美元，增幅为 57.9%，天津投资总额占全国投资总额的比重分别为 3.8%、3.6%、3.6%、3.7%、4.0%。河北省 2011 年投资总额为 457.00 亿美元，2015 年增至 736.24 亿美元，增幅为 61.1%，河北投资总额占全国投资总额的比重分别为 1.5%、1.5%、1.6%、1.6%、1.6%。2011—2015 年北京外商投资总额平均值为 2 085.62 亿美元，天津为 1 373.23亿美元，河北为 569.92 亿美元。北京地区投资水平最高，天津其次，河北最低，但总体都呈上升趋势，前景良好。

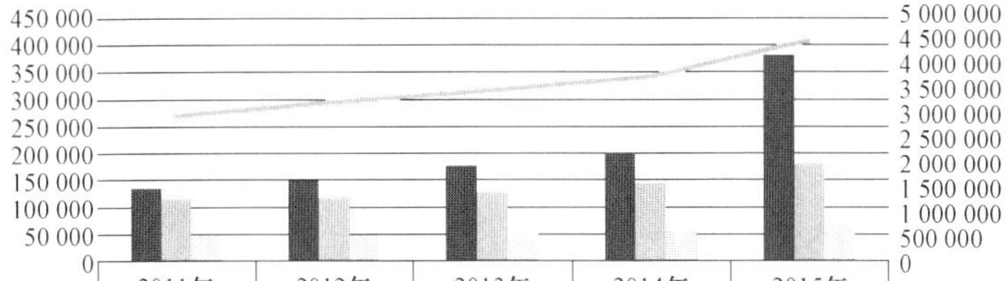


| | 2011年 | 2012年 | 2013年 | 2014年 | 2015年 |
|---|---|---|---|---|---|
| 北京 | 134 364 | 149 355 | 177 105 | 201 027 | 380 963 |
| 天津 | 114 806 | 118 913 | 127 423 | 144 146 | 181 328 |
| 河北 | 45 700 | 48 960 | 54 542 | 62 135 | 73 624 |
| 全国 | 2 993 124.02 | 3 261 047.77 | 3 517 608.47 | 3 797 728.62 | 4 539 020.25 |

**图 4-5　2011—2015 年京津冀及全国地区吸引外商投资额情况（百万美元）**

## 第二节　区域创新极培育环境

### 一、协同创新水平

协同创新是企业、政府、知识生产机构（大学、研究机构）、中介机构和用户等为了实现重大科技创新而开展的大跨度整合的创新组织模式。通过国家意志的引导和机制安排，促进企业、大学、研究机构发挥各自的能力优势，整合互补性资源，实现各方优势互补。本小节通过分析高校及科研机构 R&D 经费的支出结构，分析各个组织在实现地区创新能力过程中所发挥的作用。

由图 4-6、图 4-7 可以看出，京津冀地区 2011—2015 年 R&D 内部经费中来自政府的支出部分逐年上升。其中，北京地区 R&D 内部经费中来之政府的支出，2011 年为 81.81 亿元，占 R&D 内部经费总额的 66.32%，2012 年为 92.96 亿元，占比 67.89%，2013 年为 92.52 亿元，占比 67.71%，2014 年为 97.46 亿元，占比 66.90%，2015 年为 113.24 亿元，占比 69.62%。天津市每年政府支出部分占 R&D 总经费比重为 55%左右，河北占比约 60%。北京地区 R&D 经费内部支出要远远高于天津和河北，2015 年，北京地区 R&D 内部经费支出是同期天津的 3.12 倍，是同期河北的 14.27 倍，说明北京更加重视创新，在创新研发方面投入较多。数据显示，京津冀三地区，R&D 经费内部支出中政府支出部分占总体比重基本都在 60%左右，说明各地政府都是创新的最主要驱动力。

2011 年北京地区 R&D 经费内部支出中企业支出部分占总支出 28.75%，天津地区占比为 38.45%，河北地区为 38.84%；2012 年北京占比 27.61%，天津占比 40.70%，河北占比 32.57%；2013 年北京占比 29.11%，天津占比 43.85%，河北占比 28.31%；2014 年北京占比

29.36%，天津占比 43.70%，河北占比 29.92%；2015 年北京占比 27.56%，天津占比 34.91%，河北占比 27.03%。除上述 R&D 经费内部支出中政府支出外，企业支出是推动创新发展的又一重要引擎。

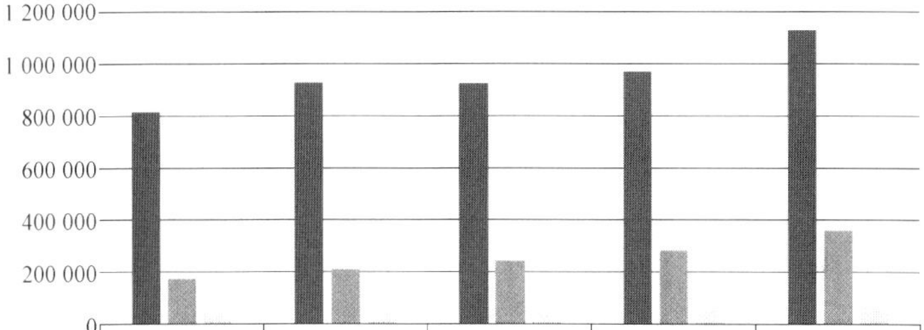


| | 2011年 | 2012年 | 2013年 | 2014年 | 2015年 |
|---|---|---|---|---|---|
| ■北京 | 818 123 | 929.647 | 925 232 | 974 566 | 1 132 410.294 |
| ■天津 | 177 676 | 211 713 | 245 322 | 287 185 | 362 444.259 |
| 河北 | 43 311 | 54 749 | 62 773 | 67 355 | 79 347.67 |

**图 4-6　京津冀高校及科研机构 R&D 经费内部支出中政府支出情况（万元）**

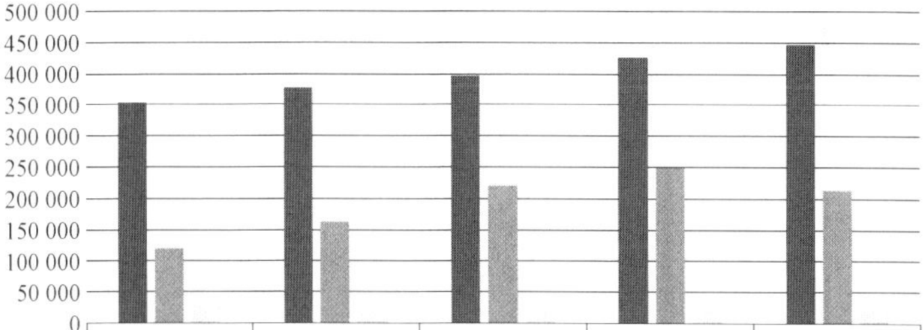


| | 2011年 | 2012年 | 2013年 | 2014年 | 2015年 |
|---|---|---|---|---|---|
| ■北京 | 354 634 | 378 032 | 397 842 | 427 589 | 448 191.024 |
| ■天津 | 122 167 | 164 091 | 222 816 | 249 720 | 213 644.064 |
| 河北 | 32 784 | 31 184 | 28 885 | 33 511 | 34 442.197 |

**图 4-7　京津冀高校及科研机构 R&D 经费内部支出中企业支出情况（万元）**

R&D经费外部支出是指委托外单位进行R&D活动所实际支付的费用。从图4-8至图4-10可以看到，北京地区R&D经费外部支出中对企业的支出费用相对于天津和河北来说是非常大的，2011—2015年，北京平均支出7.54亿元，天津平均支出0.3亿元，而河北平均支出0.13亿元。2011—2015年北京市R&D经费外部支出中对企业的支出部分占总支出的百分比为41.96%、38.15%、37.61%、37.70%、35.33%，天津的占比分别为42.83%、32.48%、34.52%、16.31%、25.92%，河北省占比分别为27.19%、22.80%、28.92%、28.67%、31.09%。可以比较明显看出在京津冀三地，北京地区R&D经费外部支出中企业的支出份额要大于天津河北，说明北京地区的创新型企业多于河北天津，创新能力更强。

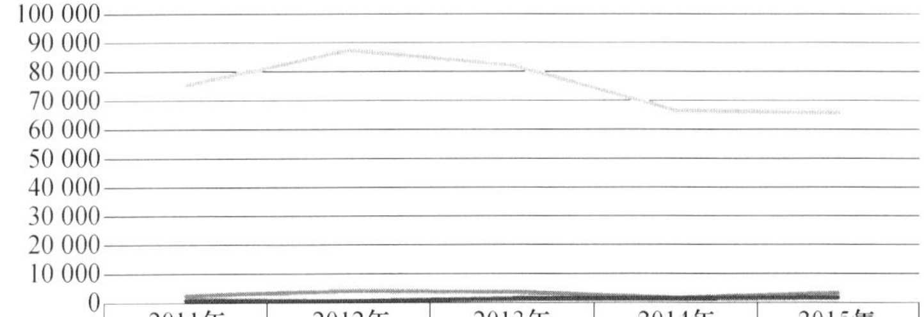


| | 2011年 | 2012年 | 2013年 | 2014年 | 2015年 |
|---|---|---|---|---|---|
| 北京 | 75 424 | 87 329 | 82 249 | 66 356 | 65 749 |
| 天津 | 2 484 | 4 072 | 3 545 | 1 868 | 3 416 |
| 河北 | 1 004 | 638 | 1 291 | 1 522 | 1 858 |

**图4-8　京津冀高校及科研机构R&D经费外部支出中企业支出情况（万元）**

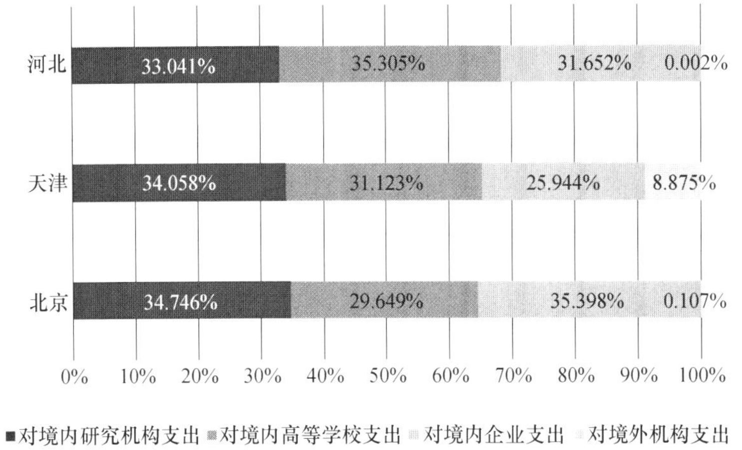


**图 4-9　2015 年京津冀地区高校 R&D 经费对外支出结构对比图**

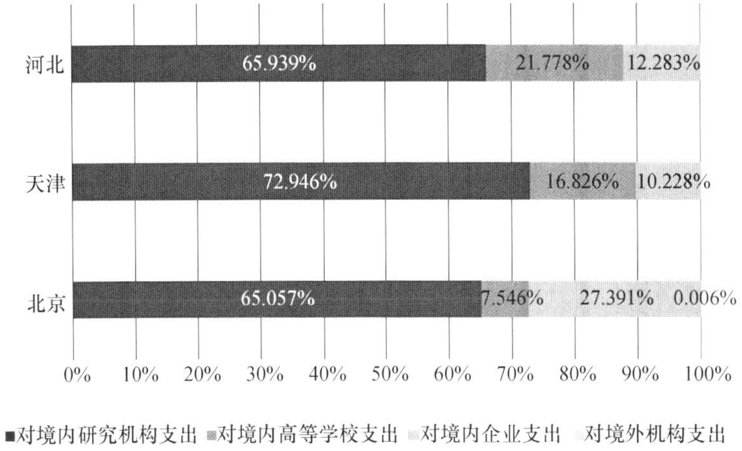


**图 4-10　2015 年京津冀地区研究机构 R&D 经费对外支出结构对比图**

## 二、知识产出水平

知识产出不仅是创新投入绩效的重要反映，也是促进技术进步和经济增长的重要基础和动力来源。创新主体通过研发投入生产新知识，知识积累形成知识存量，知识存量推动技术进步，进而引领经济增长。本小节通过高校和科研机构发表科技论文数、出版科技著作量来测度知识产出水平，反映京津冀知识创新能力。

从图 4-11 可以看出，纵观 2011—2015 年，北京市科技论文数量整体呈增长趋势，2011 年论文数量为 46 486 篇，到 2015 年，北京科技论文数量达到 57 061 篇，增长近 1.22 倍，涨幅为 22.7%。2015 年北京地区发表的科技论文数是同期天津市的 20.5 倍，河北省的 24.3 倍。2015 年北京地区科技论文发表量占全国比重 33.6%，同期天津市占 1.6%，河北占 1.3%。相较于北京而言，天津市和河北地区发表的科技论文量较少，平均为 2 811 篇，2 349 篇。较于天津河北，北京的科技论文发表量具有绝对优势。

从图 4-12 可以看出，2011—2015 年河北省的科技著作出版量连年上升，除 2012 年略下降 1%，整体涨幅还是比较大的，从 2011 年的 793 篇增至 2015 年 1 236 篇，增长近 1.6 倍，平均出版量为 979.2 篇。天津市的科技著作出版量整体呈下降趋势，下降 1.5%，平均出版量为

845.2篇。北京地区五年间科技著作出版量比较稳定，上下波动较小，平均出版7 423篇。不可忽视的是，不论是科技论文的发表量，还是科技著作的出版，河北省和天津市的产出都较低。

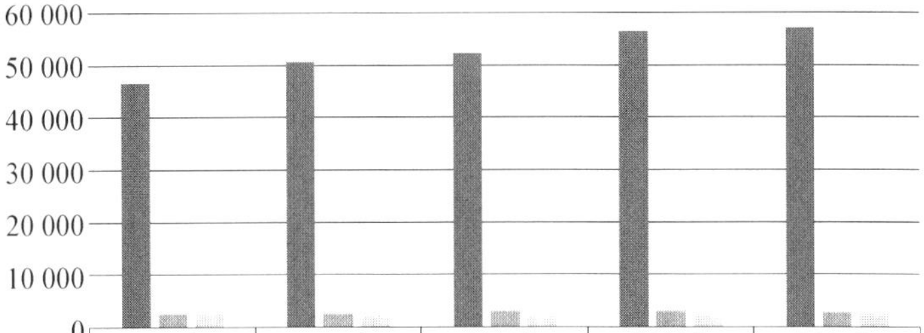


| | 2011年 | 2012年 | 2013年 | 2014年 | 2015年 |
|---|---|---|---|---|---|
| ■北京 | 46 486 | 50 563 | 52 156 | 56 277 | 57 061 |
| ■天津 | 2 589 | 2 628 | 2 974 | 3 085 | 2 781 |
| 河北 | 2 761 | 2 166 | 2 164 | 2 304 | 2 352 |

**图4-11　京津冀高校科研机构发表科技论文数量（篇）**

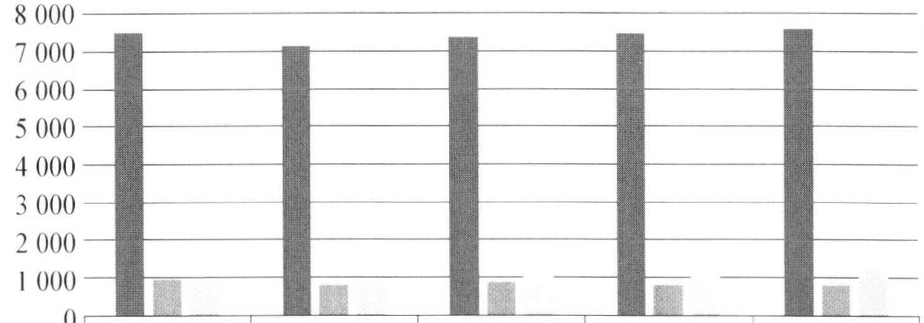


| | 2011年 | 2012年 | 2013年 | 2014年 | 2015年 |
|---|---|---|---|---|---|
| ■北京 | 7 511 | 7 141 | 7 378 | 7 475 | 7 610 |
| ■天津 | 938 | 787 | 900 | 800 | 801 |
| 河北 | 793 | 785 | 1 039 | 1 043 | 1 236 |

**图4-12　京津冀高校科研机构出版科技著作数量（篇）**

## 三、中介服务水平

本节选择技术市场成交额这一指标来测度京津冀地区创新活力。以北京为例，技术市场合同成交额指在北京技术市场管理办公室认定登记的技术合同（技术开发、技术转让、技术咨询、技术服务等）的合同标的金额的总和。

2011—2015 年，北京市的成交额一直保持上涨，2012 年较 2011 年增加 3%，之后平均每年以 2%左右的涨幅增加，2015 年成交额达到 3 453.89 亿元，占全国成交总额的 35.11%，平均每年成交额为 2 758.32 亿元。天津市的技术市场成交额也是连年递增，出现大幅度上涨，2015 年较 2011 年增长大约 3 倍，平均每年成交 313.97 亿元。而河北省的技术市场成交额从 2011 年到 2015 年只增加了大约 50%，而 2013 年和 2014 年有不同程度的下降，五年平均成交额仅有 32.87 亿元。以 2015 年为例，北京市的成交额大约是天津市的 7 倍，是河北省的近 87 倍，相差之悬殊可见一斑（图 4-13）。

从京津冀地区的技术流入流出来看，北京地区技术

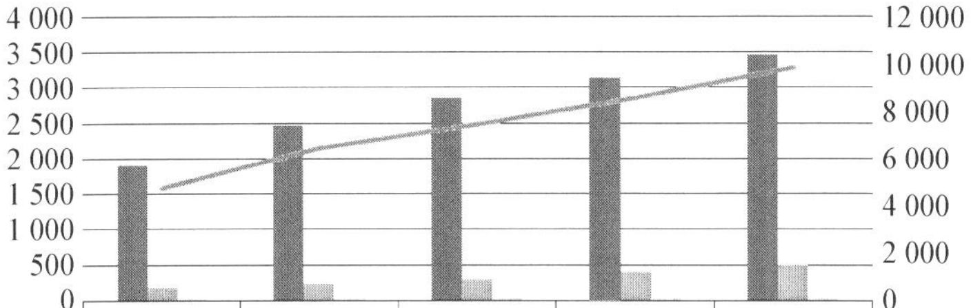


| | 2011年 | 2012年 | 2013年 | 2014年 | 2015年 |
|---|---|---|---|---|---|
| 北京 | 1 890.28 | 2 458.5 | 2 851.72 | 3 137.19 | 3 453.89 |
| 天津 | 169.38 | 232.33 | 276.16 | 388.56 | 503.44 |
| 河北 | 26.25 | 37.82 | 31.56 | 29.22 | 39.54 |
| 全国 | 4 763.56 | 6 437.07 | 7 469.13 | 8 577 | 9 835.79 |

**图 4-13　京津冀地区技术市场成交额情况（万元）**

输出量一直上升，增幅 106.48%，平均值为 2 734.96 亿元，技术流入量在 2013 年和 2015 年出现一定下降，五年平均流入量为约 1 008.98 亿元。天津市五年来技术流出量平均为 323.43 亿元，流入量为 262.56 亿元。河北省的技术流出量平均为 33.21 亿元，流入量平均为 120.59 亿元。由此可以看出，北京市和天津市的技术输出量要大于技术流入量，而河北恰恰相反，从输入输出金额来看，北京地区技术密集度远高于天津河北（图 4-14、图 4-15）。

## 四、科技政策环境

一个地区要在竞争中立于不败之地，就要不断创

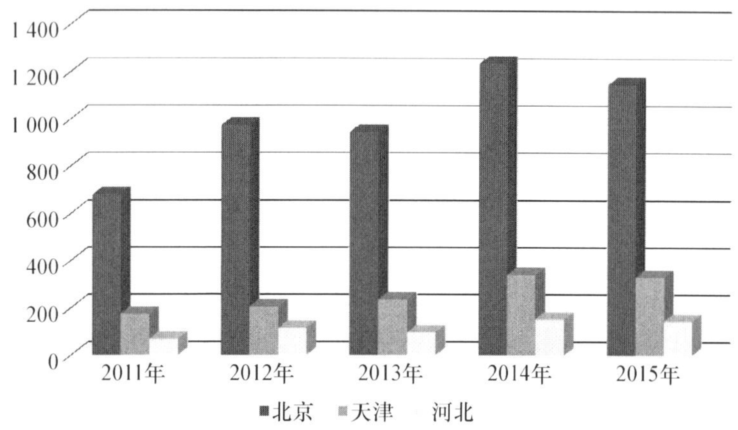


**图 4-14　2011—2015 年京津冀地区技术市场技术流向地域（合同金额：亿元）**

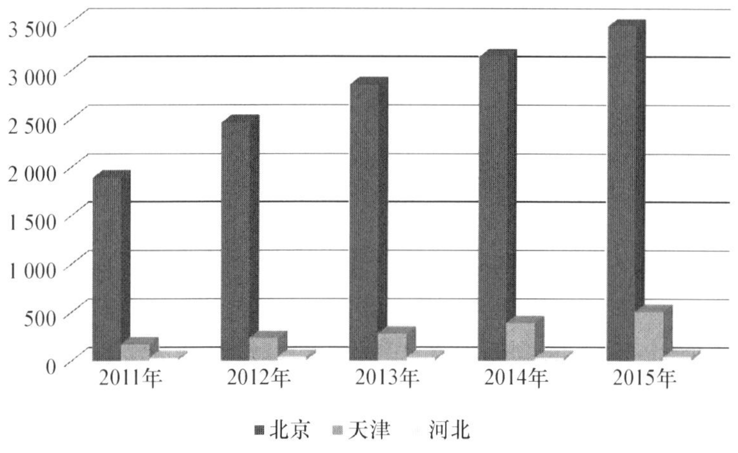


**图 4-15　2011—2015 年京津冀地区技术市场技术输出地域（合同金额：亿元）**

新，那么，创造良好的创新环境，提供有利于创新的科技政策，对于增强该地区的创新能力的重要性不言而喻。

由表4-1可知，京津冀地区2011—2015年科学技术支出都有一定的增长，北京2015年支出较2011年上升57.2%，每年科学技术支出占一般财政支出大约在55%左右，比例较大。天津市2015年支出120.82亿元，大约是2011年支出的2倍，2011—2015年天津科技支出占一般支出比重在3.5%左右。河北省2015年科技支出是2011年科技支出的1.4倍，但是每年的占比仅仅在1%左右。以2015年为例，北京市的科技支出是同期天津的2.4倍，是河北的6.3倍。所以，虽然2011—2015年京津冀在科技支出部分有不同程度的增加，但是不可否认的是，河北省和天津市的科技支出与一般支出的占比远远低于北京。北京市和河北省的一般财政支出差距基本相当，但是科技支出却有天壤之别，说明北京市非常注重科技创新，以科技驱动创新（图4-16、图4-17）。

**表4-1　2011—2015年京津冀财政支出情况（亿元）**

| 年份 | 北京市 | | 天津市 | | 河北省 | |
|---|---|---|---|---|---|---|
| | 科学技术 | 一般财政 | 科学技术 | 一般财政 | 科学技术 | 一般财政 |
| 2011 | 183.07 | 3 245.23 | 60.17 | 1 796.33 | 33.22 | 3 537.39 |
| 2012 | 199.94 | 3 685.31 | 76.45 | 2 143.21 | 44.74 | 4 079.44 |
| 2013 | 234.67 | 4 173.66 | 92.81 | 2 549.21 | 49.76 | 4 409.58 |
| 2014 | 282.71 | 4 524.67 | 109 | 2 884.7 | 51.32 | 4 677.3 |
| 2015 | 287.8 | 5 737.7 | 120.82 | 3 232.35 | 45.5 | 5 632.19 |

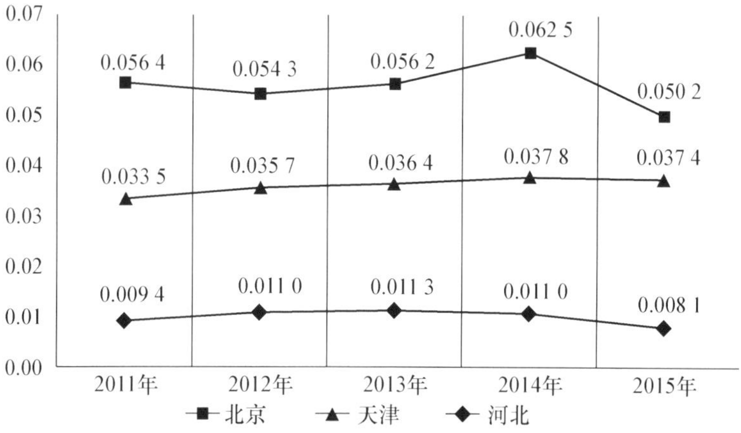


**图 4-16　2011—2015 年京津冀地区科学技术支出占财政支出比重对比图**

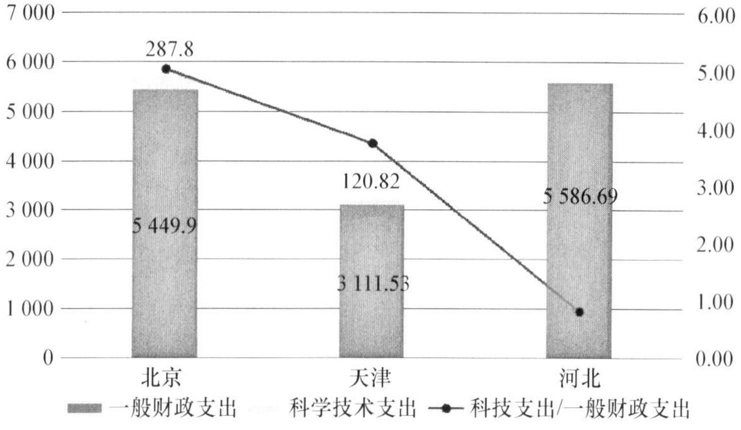


**图 4-17　2015 年京津冀地区科学技术支出及比重对比图**

## 第三节　区域经济发展水平

### 一、产业创新产出

创新资源投入是企业开展创新活动的前提和保障，

而由创新投入直接或间接获得的创新产出，不仅可以反映出创新的投入绩效，更是提升国家创新能力的重要基础。本小节利用高新技术产业主营业务收入这一指标来反映区域创新产出情况。

从图 4-18 可以看到京津冀高新技术企业的收入情况。河北省逐年递增，2015 年收入达 1 706 亿元，是 2011 年的 1.64 倍，五年平均收入为 1 368 亿元。北京市和天津市 2011—2014 年的主营业务收入连年上升，但在 2015 年都有些许下降，相较 2014 年分别下降 3.9%、1.1%。2011—2015 年北京市和天津市的主营业务收入差距较小，北京的平均收入为 3 774 亿元，天津平均收入

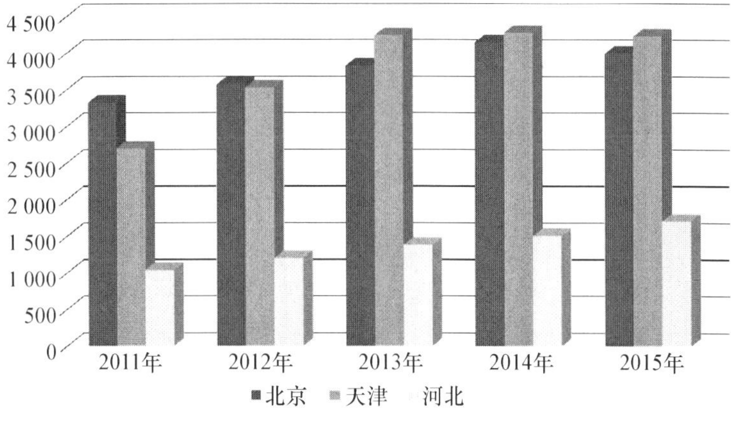


**图 4-18　2011—2015 年京津冀地区高技术产业主营业务收入对比图（亿元）**

3 797亿元，在 2012 年，北京市收入 3 569.9 亿元，天津收入 3 526.9 亿元，相差仅 40 亿元左右，而同期河北省收入1 204.5亿元，与北京天津差距高达 2 366 亿元。北京市和天津市的创新产出较高。

## 二、产业国际竞争力

一个地区的产业国际竞争力在很大程度上可以用当地的进出口贸易来进行反映和衡量。2011—2015 年京津冀的出口额占全国出口额比重整体都有所下降，北京出口额占全国比重在 3%左右，天津市在 2%左右，而河北省在 1.5%左右。而且，从表 4-2 可以看出，北京的出口额要高于天津河北，相对来说，产业竞争力更强一些。

**表 4-2　　京津冀地区出口额、全国出口额（亿美元）**

| | 2015 年 | 2014 年 | 2013 年 | 2012 年 | 2011 年 |
|---|---|---|---|---|---|
| 全国 | 22 734.68 | 23 422.93 | 22 090.04 | 20 487.14 | 189 833.8 |
| 北京 | 546.668 17 | 623.384 17 | 630.975 61 | 596.321 | 589.971 |
| 天津 | 511.629 28 | 525.906 58 | 490.049 38 | 483.126 | 444.819 |
| 河北 | 329.327 63 | 357.101 95 | 309.606 09 | 295.982 | 285.698 |

2015 年北京出口贸易 140.36 亿美元，是同期天津出口额的 71.1%，河北省出口额的 6 倍；天津进口贸易 264.65 亿美元，是同期天津进口额的 1.1 倍，河北进口

额的28倍（图4-19、图4-20）。

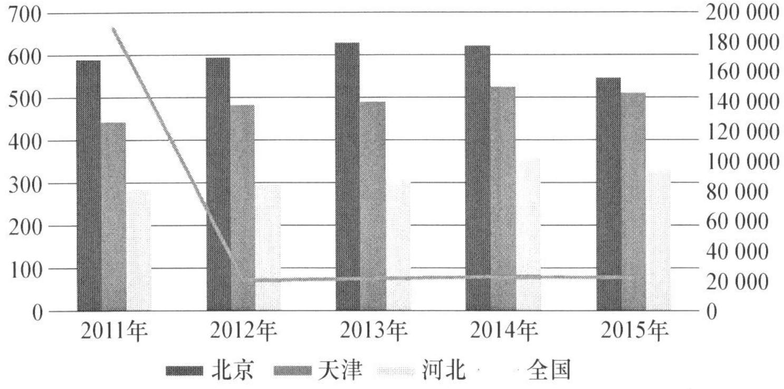


**图4-19　京津冀各地出口额及全国出口额（亿美元）**

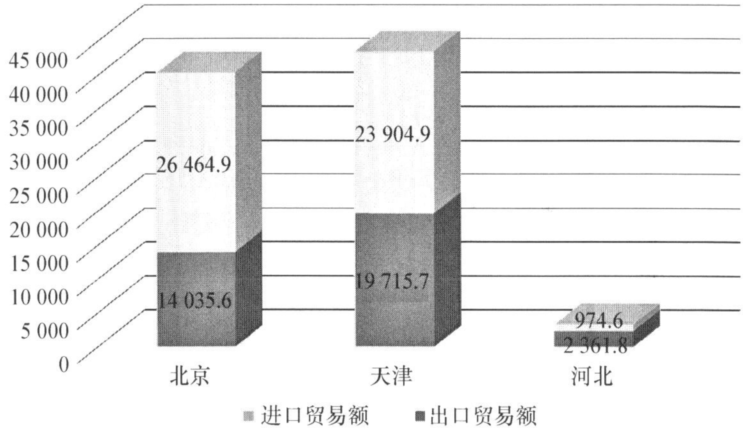


**图4-20　2015年京津冀地区高技术产业进出口贸易情况对比（百万美元）**

# 第五章　企业创新

企业是经济发展的主体，也是科技创新的主体。100多年来世界上对经济发展起决定性作用的技术几乎全部源于企业，企业在技术创新中起主导作用，一个地区企业的创新水平最能反映该地区的创新能力水平。对京津冀地区创新能力进行评价，系统分析京津冀地区企业技术创新能力具有重要意义。本章本着数据的相关性及可得性采用规模以上企业数据进行分析，确定了知识创新、研发机构、产品创新以及外部技术吸收能力四个角度进行相关数据的梳理，以期对京津冀地区企业创新能力给出一个综合、客观、科学的评价。

## 第一节　企业知识创新

企业知识创新是衡量企业创造能力的重要评价指标。企业知识创新的能力是企业创造、整合和运用企业知识，实现战略目标所表现的能力。本节主要从人才结构和专利效率两方面进行具体评价。

## 一、人才结构

人才结构评价指标反映的是企业的科研人力投入力度的高低，具体分析的是企业科学研究人员占专业技术人员的权重。从京津冀地区综合来看，2015 年京津冀地区企业共拥有科学研究人员 15 842 人，占全国的 3.51%，比 2011 年增加了 24.6%，增加 3 130 人，全占国比重增加 0.36%。五年内京津冀地区科技人员增幅明显，快于全国平均增长（表 5-1）。

**表 5-1　　2011—2015 年京津冀地区科学研究人员情况**

| | 2011 年 | 2012 年 | 2013 年 | 2014 年 | 2015 年 |
|---|---|---|---|---|---|
| 全国 | 403 853 | 432 018 | 432 018 | 438 853 | 451 096 |
| 北京 | 5 744 | 6 989 | 6 989 | 8 332 | 7 739 |
| 天津 | 3 548 | 3 885 | 3 885 | 3 863 | 3 988 |
| 河北 | 3 420 | 4 023 | 4 023 | 4 059 | 4 115 |

从京津冀地区内部看，2011—2015 年三个地区的企业科研人员团队都得到一定程度的扩大，北京地区的最为突出，由 2011 年 5 744 人增至 7 739 人，增加了 1 995 人，2011 年占到京津冀总计的 45%～49%。2015 年北京地区

企业科研人员拥有量几乎为津冀两区的总和。而河北地区科研人员投入增长相对较为缓慢，2015 年的占比为 25％，相比 5 年前下降 3％的点（图 5-1）。

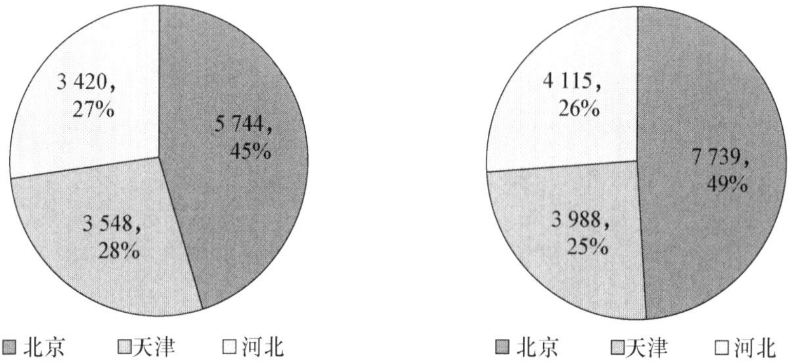


**图 5-1　2011 年、2015 年京津冀地区的科学研究人员对比图**

北京地区不仅科研人员数量的绝对量大，且所占企业技术人员比重大。从图 5-2 直观了解，河北地区的企业对科研重视相对较低，2011—2015 年科研人员所占权重均在 0.34％左右，北京天津地区企业科研人员率相对高些。北京地区在 2014 年科研人员有个较大的跳动，达 1.61％，为近五年最高。2011—2014 年天津地区科研人数增长较为平稳，2015 年科研人员比重增长较大，较上年比重增长 8.17％。综合看，企业越来越重视科研人员的吸收与培养。

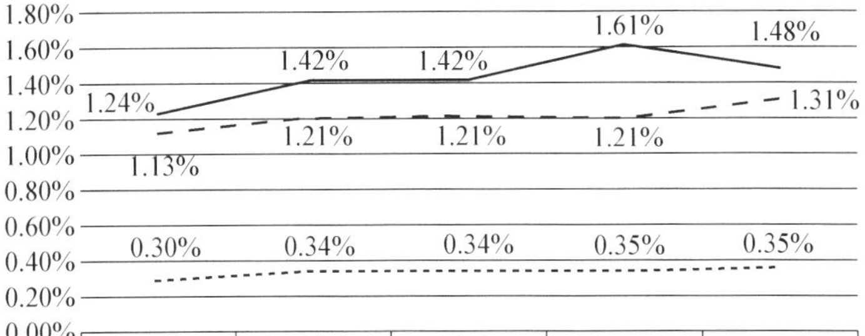


| | 2011年 | 2012年 | 2013年 | 2014年 | 2015年 |
|---|---|---|---|---|---|
| —— 北京 | 1.24% | 1.42% | 1.42% | 1.61% | 1.48% |
| - - - 天津 | 1.13% | 1.21% | 1.21% | 1.21% | 1.31% |
| - - - - 河北 | 0.30% | 0.34% | 0.34% | 0.35% | 0.35% |

**图 5-2　2011—2015 年京津冀地区的企业科学研究人员占技术人员对比图**

## 二、专利效率

专利是衡量科技活动产出的重要指标。本节的专利效率关注的是企业层面科技成果产出效率，具体评价指标为万名企业研究人员企业专利申请数。

从图 5-3 中可以观察到，河北省企业专利效率不高，但 2011—2015 年间效率水平逐年提高，2011 年万人专利申请数为 0.23 件/万人，2015 年增加了 61%。天津企业五年专利效率平均为 0.7 件/万人，是河北省企业专利效率的 2.19 倍，而北京地区企业在专利申请效率具有绝对优势，其企业万人专利申请数是津冀两地之和还多。可见京津冀地区企业专利效率差距参差显著。

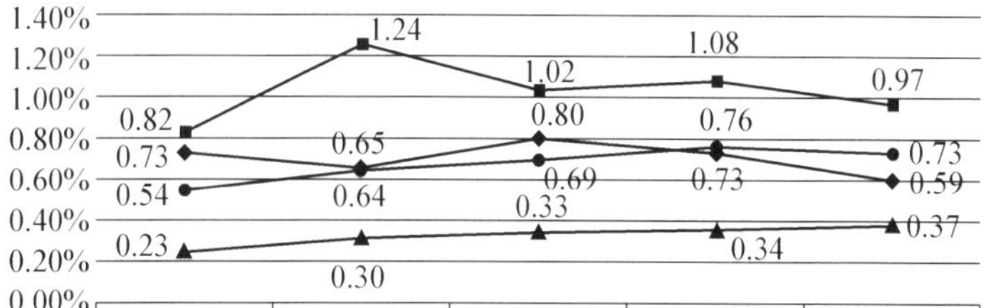


| | 2011年 | 2012年 | 2013年 | 2014年 | 2015年 |
|---|---|---|---|---|---|
| —●— 全国 | 0.54 | 0.64 | 0.69 | 0.76 | 0.73 |
| —■— 北京 | 0.82 | 1.24 | 1.02 | 1.08 | 0.97 |
| —◆— 天津 | 0.73 | 0.65 | 0.80 | 0.73 | 0.59 |
| —▲— 河北 | 0.23 | 0.30 | 0.33 | 0.34 | 0.37 |

**图 5-3　2011—2015 年京津冀地区万人企业研究人员专利申请数对比图（件/万人）**

## 第二节　企业研发机构

企业研发机构是企业技术创新组织载体与基础平台，是全面提高自主创新能力的中坚力量。企业研发机构的多寡以及规模的大小一定程度反映了提企业技术创新能力，地区产学研创新合作水平以及企业科技成果的产出与转化效率。本节主要呈现京津冀地区的研发机构数量和机构人员数量两方面的情况。

## 一、研发机构

2015 年京津冀地区企业研发机构有 3 116 个，占全国总数的 4.95%，较之 2011 年增加了 1 237 个，增加了 65.83%，增幅显著。而京津冀三地区的分别占比为 26%、34%、40%，从研发机构的数量来看，河北省最多。

从图 5-4 中可以看出，河北省报告五年期内研发机构数量大致逐年增加，且增幅明显，2012 年的增幅最大，达 48.11%。2011 年河北省的研发机构仅有 557 家，低于同时期的北京地区和天津地区，但 2012 年河北省增

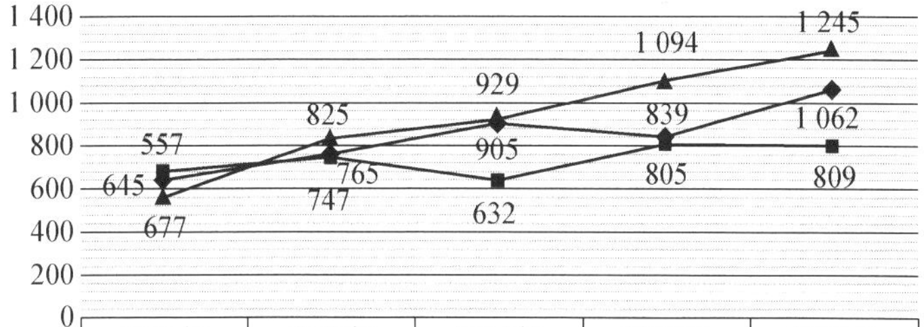


| | 2011年 | 2012年 | 2013年 | 2014年 | 2015年 |
|---|---|---|---|---|---|
| —■—北京 | 677 | 747 | 632 | 805 | 809 |
| —◆—天津 | 645 | 765 | 905 | 839 | 1 062 |
| —▲—河北 | 557 | 825 | 929 | 1 094 | 1 245 |

**图 5-4　2011—2015 年京津冀地区规模以上企业科研机构数对比图（个）**

加 268 个，超天津 60 个，北京 78 个。之后 3 年一直保持领先地位。京津两地的企业研发机构数不稳定，2012—2013 年件北京研发机构骤减 115 个，而 2013—2014 年天津减少了 66 个。

## 二、人员拓展

人员拓展是对京津冀地区的企业研发机构人员情况进行阐述，用于评价京津冀地区的研发人力投入水平。先从京津冀的总体来看，2015 年京津冀地区共拥有企业研发人员 189 996 人，较 2014 年增加了 10 730 人，增幅为 5.99%，而相比 2011 年的 130 969 人，增加了 45%强，可见京津冀地区企业越来越注重研发，强调技术创新的经济驱动。

图 5-5 表示的是京津冀地区 2011—2015 年企业研发人员占全国总数的比重，这五年波动不大，2015 年全国共有企业研发人员 2 668 376 人，大约 7.12%集中在京津冀地区，而在京津冀中，北京研发人员 56 246 人，占比 29.6%，天津 54 701 人，占比 28.8%，河北 79 049 人，占比 41.6%，三地中河北居高。从这五年的变化趋势看，

北京研发人员数较为稳定，天津大致呈上升趋势，五年涨幅为 55%，河北涨势最为明显，涨幅超 75%。综上，河北省在企业研发人员上的优势逐年递增。

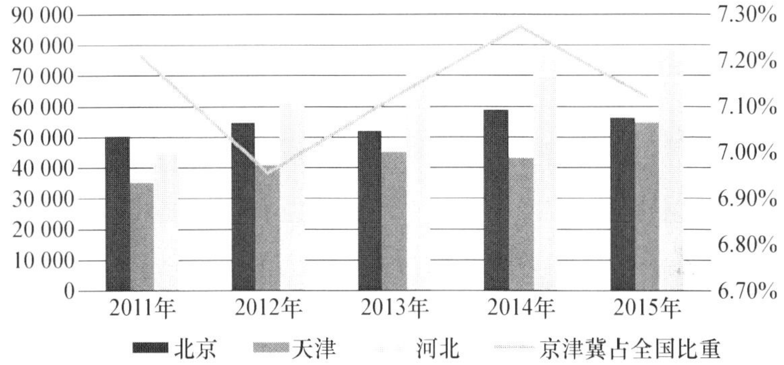


**图 5-5　2011—2015 年京津冀地区规模以上企业科研机构人员对比图（人）**

## 第三节　企业产品创新

产品创新是指创造新产品或改善老产品，挖掘顾客新需求或建立新市场。企业产品创新能力是衡量企业创新能力的重要指标。企业产品创新能力主要从企业 R&D 投入水平和新产品创新能力两方面进行评价。

### 一、企业 R&D 投入水平

企业 R&D 投入水平是指衡量企业创新投入的指标，

具体用每名R&D人员经费拥有量表示。企业R&D内部经费支出额是企业对科技产出的资金支持力度。单从企业R&D内部经费支出数看，2015年北京经费支出244.09亿元，天津352.67亿元，河北285.81亿元，天津地区R&D经费支出最多。纵向来看，京津冀三地2011—2015年经费力度均有所加大，北京上涨48.06%，天津上涨67.31%，河北上涨80%，河北省企业R&D内部支出五年涨幅最大。天津地区五年间的R&D内部支出都高于京冀两地。

R&D人员总量在很大程度上决定着科学技术产出的总规模。表5-2数据显示，京津冀各区的R&D人员都在不断地扩充。2011年京津冀地区各拥有R&D人数分别为49 829人、47 828人和51 498人，而2015年在此基础上分别为上涨了46%、145%和120%，天津人员的涨幅

**表5-2　2011—2015年京津冀地区R&D人员及R&D经费对比表**

| 年份 | 北京市 | | 天津市 | | 河北省 | |
|---|---|---|---|---|---|---|
| | R&D人员（人） | R&D经费（亿元） | R&D人员（人） | R&D经费（亿元） | R&D人员（人） | R&D经费（亿元） |
| 2011 | 49 829 | 164.85 | 47 828 | 210.78 | 51 498 | 158.62 |
| 2012 | 53 510 | 197.34 | 60 681 | 255.87 | 55 979 | 198.09 |
| 2013 | 58 036 | 213.06 | 68 175 | 300.04 | 65 049 | 232.74 |
| 2014 | 57 761 | 233.50 | 79 014 | 322.81 | 75 142 | 260.67 |
| 2015 | 72 802 | 244.09 | 117 200 | 352.67 | 113 360 | 285.81 |

最大，大于其经费涨幅。

从图 5-6 中可清晰发现，天津在 2011—2013 三年间的 R&D 投入水平较高，高于京冀两地，2014 年开始下滑，2015 人均 R&D 经费仅有 30 万元，天津虽然投入一直总量大，实质投入水平却有下滑。除此之外，从图 5-6 中还可看出，2014—2015 年间，京津冀地区的平均 R&D 投入都减少了。

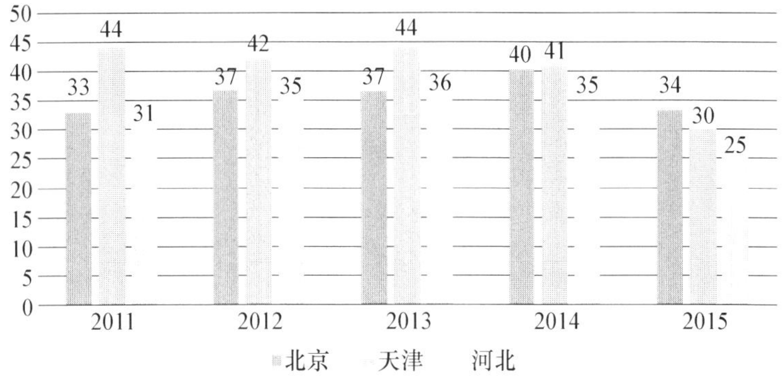


**图 5-6 2011—2015 年京津冀地区规模以上企业 R&D 人员平均经费（万元/人）**

## 二、新产品创新能力

新产品是产品创新的最终产出和成果，新产品创新能力最根本的反映了企业的创新产出水平，可以用新产品收入占总收入的比值表示。图 5-7 呈现了 2015 年京津冀地区规模以上企业新产品销售收入情况，北京地区新产品销售收入为35.64百亿元，天津地区57.28百亿元，河北地区34.76百亿元，天津的新产品收入最高。从总销售收入看，2015年河北总销售收入为457.21百亿元，几乎为京津两地收入之和。从新产品收入占比看，天津新产品比重为20.5％居于首位，北京18.9％次之，然而河北仅有7.6％，由此体现天津的新产品创新能力较强些。

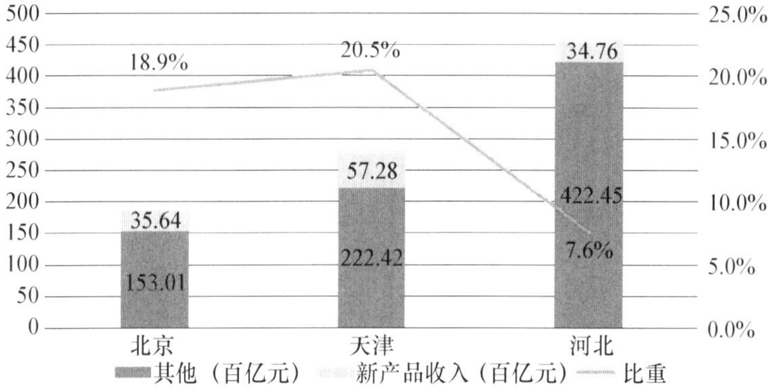


**图 5-7　2015 年京津冀地区规模以上企业总收入和新产品收入对比图**

与以前年度比较，河北地区的新产品创新能力五年内进步明显，从2011年的4.72％增加至2015年的7.60％，水平提高了60％，但与全国的产品创新水平差距依然明显，2015年的绝对差量达5.99％。而天津北京产品创新能力在全国处于领先地位，五年间虽发生一些变化，但产品创新能力相对较为稳定，一直保持新产品收入占总收入的20%左右些许（图5-8）。

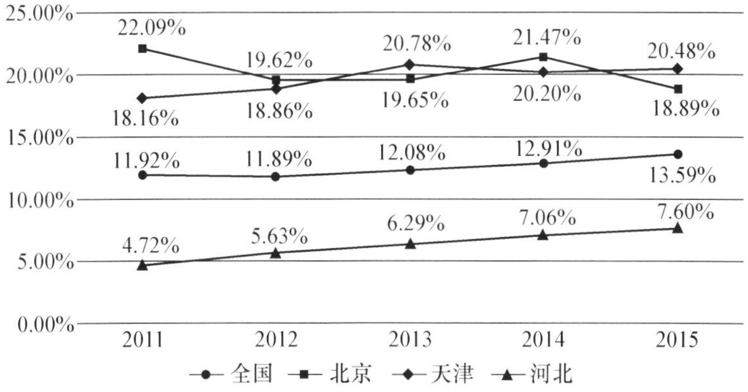


**图5-8　2011—2015年京津冀地区新产品收入占总收入比重对比图**

## 第四节　技术吸收能力

企业技术吸收能力可以表现包括产学研合作和国外技术引进两方面。据已有数据资料，本部分采用规上企业R&D经费外部支出，即对境内研究机构支出和对境内高校支出，来直接反映产学研合作的深度；同时用国外技术合同金额大小来衡量地区国外技术引进的力度。本报告中的技术吸收能力评价指标，计算公式表达为：

100×（R&D 经费外部支出＋国外技术合同金额）/（R&D 经费内部支出＋R&D 经费外部支出＋国外技术合同金额）。

2015 年京津冀地区企业 R&D 经费外部共支出 882.56 亿元，占全国的 8.8%其中北京支出 293 960 万元，天津 174 782 万元，河北仅 92 178 万元。与 2011 年相比，企业 R&D 经费外部支出额增加了 65.2%，京津冀地区企业与高校和科研院所的科技合作愈加紧密(表 5-3)。

**表 5-3　2011—2015 年京津冀地区企业 R&D 经费外部支出额（万元）**

| | 2011 年 | 2012 年 | 2013 年 | 2014 年 | 2015 年 |
|---|---|---|---|---|---|
| 全国 | 3 557 345 | 4 178 749 | 4 231 573 | 4 680 680 | 5 204 630 |
| 北京 | 215 220 | 217 942 | 140 795 | 289 620 | 293 960 |
| 天津 | 87 865 | 131 721 | 93 931 | 132 039 | 174 782 |
| 河北 | 61 042 | 97 699 | 108 182 | 139 597 | 97 178 |

从国外技术引进方面，我国越来越注重国外技术引进，进一步促进我国经济的发展。2011 年我国对外技术引进额只有 14 233 227 万元，但 2015 年增加至 17 611 153 万元，增加了 23.73%。在京津冀地区中，2015 年北京国外技术引进额为 1 668 915 万元，是天津的 2.25 倍，河北的 20.3 倍，北京地区企业较重视对外技术的引进（表 5-4）。

**表 5-4　2011—2015 年京津冀地区国外技术引进金额（万元）**

| | 2011 年 | 2012 年 | 2013 年 | 2014 年 | 2015 年 |
|---|---|---|---|---|---|
| 全国 | 14 233 227 | 25 609 918 | 25 450 567 | 19 218 994 | 17 611 153 |
| 北京 | 2 253 125 | 1 846 090 | 2 173 583 | 1 714 933 | 1 668 915 |
| 天津 | 817 962 | 1 326 630 | 1 587 204 | 1 339 607 | 740 541 |
| 河北 | 78 294 | 87 513 | 98 470 | 80 925 | 82 207 |

综合以上产学研合作和国外技术两方面，核算出各地区的外部技术吸收率如图 5-9 所示，北京的技术吸收能力遥遥领先于津冀地区，并远远高于全国技术吸收率的平均水平。从时间趋势看，京津冀以及全国的技术吸收率都大致呈现出下滑趋势，北京的下滑趋势最为明显，2011 年的技术吸收率高达 60，而 2015 年减少到 45，减幅为 25.8%；天津也从 2012 开始较低外部吸收率，减幅达 31.4%；河北也发生些许降低。综上，京津冀地区都在逐步减少外部技术吸收，开始更多依靠内部驱动。

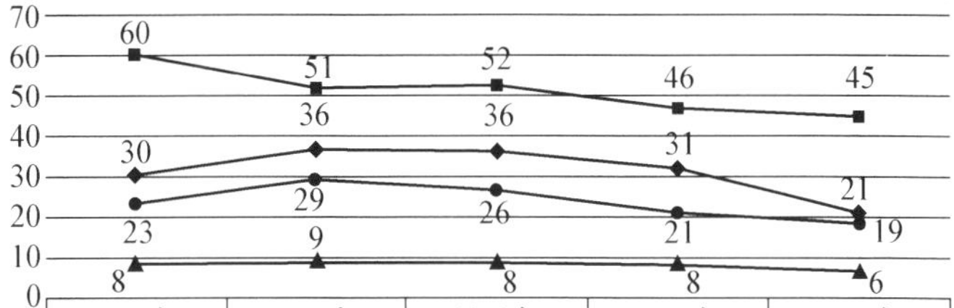


| | 2011年 | 2012年 | 2013年 | 2014年 | 2015年 |
|---|---|---|---|---|---|
| —●—全国 | 23 | 29 | 26 | 21 | 19 |
| —■—北京 | 60 | 51 | 52 | 46 | 45 |
| —◆—天津 | 30 | 36 | 36 | 31 | 21 |
| —▲—河北 | 8 | 9 | 8 | 8 | 6 |

**图 5-9　2011—2015 年京津冀地区外部技术吸收率对比图**

# 第六章　创新绩效

创新绩效是指实施采用新技术后，企业价值的增加，以企业业务额的增加来测量，创新绩效对于政府部门和企业管理者动态掌握创新进展和成果，发现企业自主创新存在的问题以及原因，对进一步提高企业自主创新效率有重要意义。经济绩效既是一个推动创新投入的指标，又是衡量创新能力的产出指标。

本章通过新产品出口额的增长、税收的变化以及企业的产出效率等指标来测度京津冀地区的创新绩效。

## 第一节　新产品

对于新产品部分的描述仍然采用规模以上企业数据。2011—2015 年北京市新产品出口额连年下降，由 2011 年 647.05 亿元降至 2015 年的 243.90 亿元，降幅 62%，占总产品总口额的比重也由 16.98%下降至 7.16%。天津市的新产品出口额逐年递增，2015 年较 2011 年上涨 50.98%，而且，其每年新产品出口额的占比也从 26.07%增至 35.49%，2015 年，天津市的新产品出口额占全国新产品出口额 3.88%，而同期北京新产品出口额占全国仅 0.83%。河北省五年来新产品出口总额也连续递增，但涨幅不大，平均每年增长大约 2%～3%，河北省新产品出口额占总出口额的比重五年来基本保持在 15%左右，较为稳定（图 6-1）。

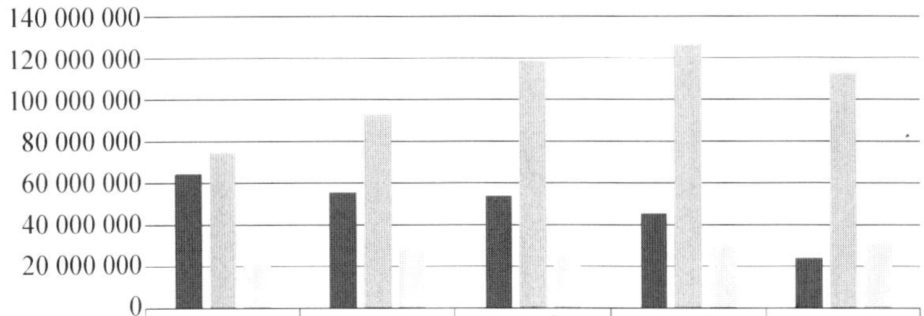


| | 2011年 | 2012年 | 2013年 | 2014年 | 2015年 |
|---|---|---|---|---|---|
| ■北京 | 64 705 135 | 55 725 098 | 53 968 510 | 46 042 120 | 24 389 876 |
| 天津 | 74 903 168 | 93 175 613 | 119 171 540 | 126 839 390 | 113 088 115 |
| 河北 | 22 881 881 | 29 263 199 | 29 318 650 | 32 090 610 | 32 689 263 |

**图 6-1　京津冀地区新产品出口额情况（千元）**

2015 年，天津市的新产品销售收入是同期北京的 1.61 倍，河北省的 1.65 倍，北京市和河北省的新产品出口量分别是天津市的 21.57%、28.91%。2011—2015 年北京市新产品出口额平均为 489.66 亿元，天津市平均为

1 054.36 亿元，河北省平均为 292.49 亿元。天津市的新产品出口量领先于北京、河北，表明天津市的产品创新能力在近些年有很大提升，同时，出口量的居高不下，也说明了天津市新产品的质量过关（图 6-2、图 6-3）。

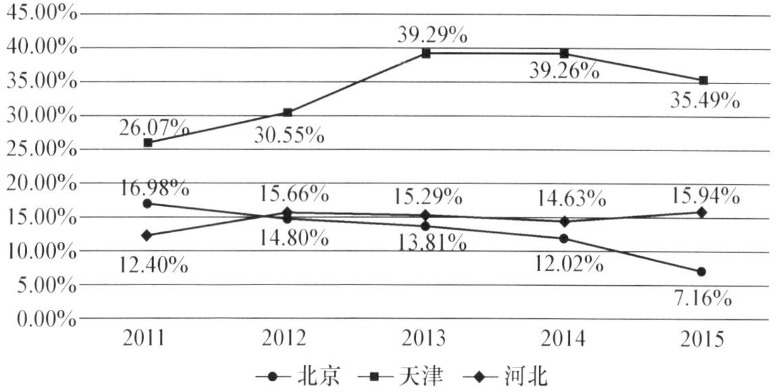


**图 6-2 京津冀地区新产品出口额占总出口额的比重情况**

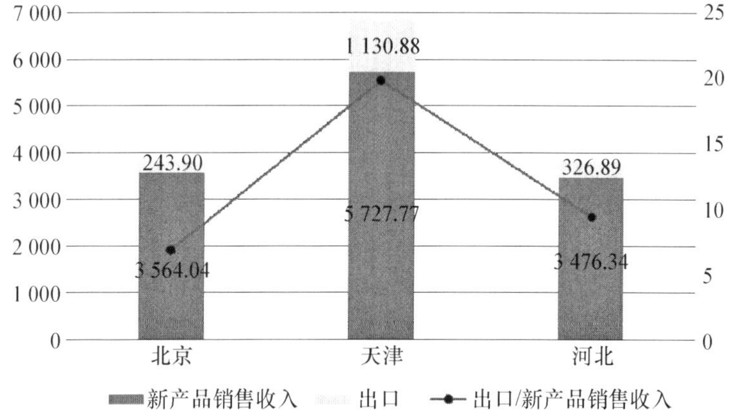


**图 6-3 2015 年京津冀地区规模以上企业新产品销售和出口对比图（亿元）**

## 第二节　税收创造

从图 6-4 中可以清楚看到，京津冀地区规模以上企业的应交税费都有一定程度的增长，2011 年北京市的税费为 427.06 亿元，到 2014 年增加至 561.56 亿元，四年间北京的平均税费为 491.54 亿元。天津市四年平均税费为 878.31 亿元，河北省在 2013 年较 2012 年有略微下降，降低 4.9%，四年平均税费为 1 126.45 亿元。以 2014 年为例，河北省的税费是北京市的 2.07 倍，是天津市的 1.32 倍，京津冀之间是有一定差距的。河北省规模上企业所产生的税费要高于同期的北京以及天津，说明河北省在这个时期的营业收入超过了北京天津（图 6-5）。

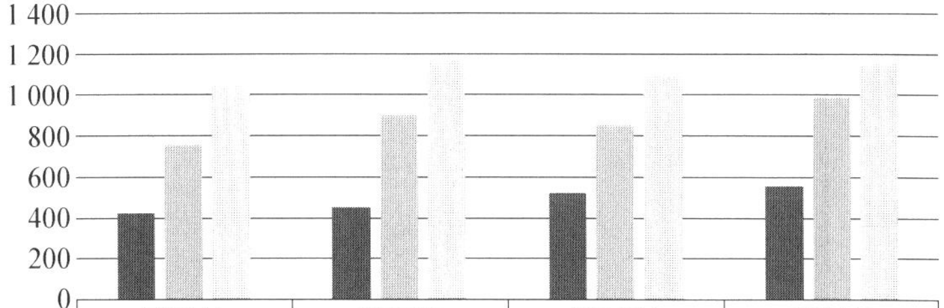


| | 2011年 | 2012年 | 2013年 | 2014年 |
|---|---|---|---|---|
| ■北京 | 427.06 | 455.76 | 521.77 | 561.56 |
| 天津 | 758.27 | 903.27 | 859.33 | 992.37 |
| 河北 | 1 062.04 | 1 169.91 | 1 112.99 | 1 160.87 |

**图 6-4　京津冀地区税收创造情况（亿元）**

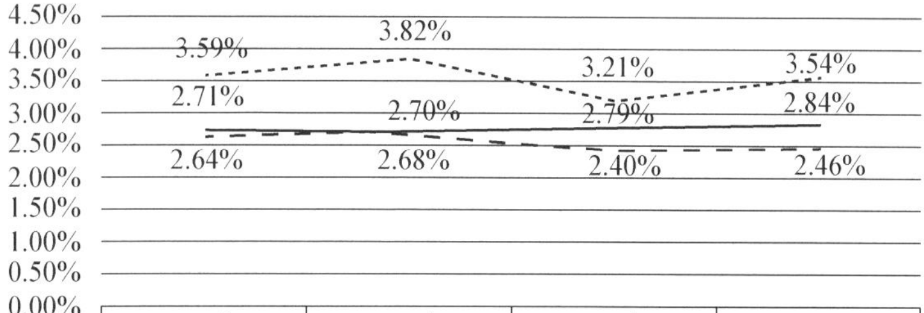


| | 2011年 | 2012年 | 2013年 | 2014年 |
|---|---|---|---|---|
| — 北京 | 2.71% | 2.70% | 2.79% | 2.84% |
| ---- 天津 | 3.59% | 3.82% | 3.21% | 3.54% |
| - -河北 | 2.64% | 2.68% | 2.40% | 2.46% |

**图 6-5　京津冀地区上缴税收占主营业务收入情况**

## 第三节　产出效率

能源的消耗是企业进行生产所不可避免的，但是，单位产量所消耗的能源数量可以反映企业生产所采用的技术手段而实现的生产效率。

图 6-6 为京津冀地区的 GDP 每增加一亿元而产生的煤消耗在 2011—2015 年间的变化情况，很明显，京津冀地区的单位能源消耗量逐年降低。北京市 2011 年单位煤消耗为 0.39 万吨，到 2015 年降至 0.3 吨；天津市从 0.6 降至 0.5。河北 2015 年的单位煤消耗为 0.99 万吨，相较于 2011 年的 1.15 万吨下降了 1.4%。从图中我们可以清

楚看到，河北的单位生产消耗要比天津和北京高，天津又比北京高，2015 年，北京单位生产煤消耗 0.3 万吨，天津为 0.5 万吨，河北为 0.99 万吨，很明显，北京的生产效率更高，并且，较少的煤消耗，对环境的保护也是十分关键的。

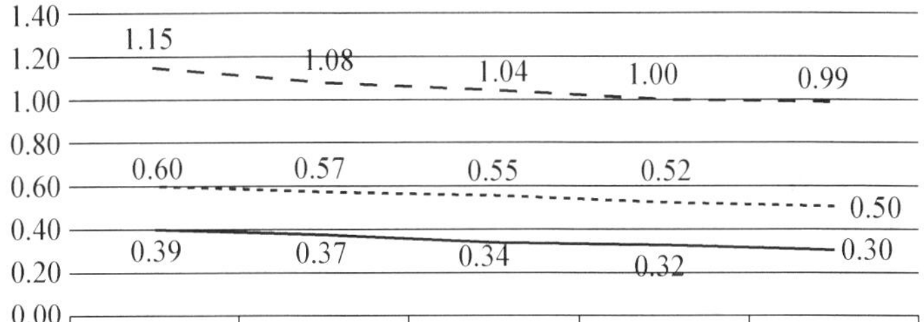


| | 2011年 | 2012年 | 2013年 | 2014年 | 2015年 |
|---|---|---|---|---|---|
| —北京市 | 0.39 | 0.37 | 0.34 | 0.32 | 0.30 |
| ----天津市 | 0.60 | 0.57 | 0.55 | 0.52 | 0.50 |
| - -河北省 | 1.15 | 1.08 | 1.04 | 1.00 | 0.99 |

**图 6-6　京津冀地区单位能源消耗情况**

# 第七章　创新环境

在全球经济迅速发展的今天，区域间的竞争越来越注重环境的竞争，都在积极地发展区域的创新发展环境。创新发展环境的好坏，直接决定了一个地区经济发展的快慢，因此，创新环境的发展成为了区域间竞争的第一要素。营造一个良好的创新环境，为知识的创造与传播提供适宜的氛围，有助于促进京津冀地区创新成果的产生与转化。创新环境领域主要反映驱动创新能力发展必备的人力、财力等基础条件的支撑情况，以及政策环境对创新的引导和扶持力度。本报告从创新创业环境、经济社会发展环境、科技进步创新环境四个方面加以阐述。

## 第一节　创新创业环境

创新创业环境的发展是衡量一个区域创新能力建设的重要指标，从科教兴国战略提出以来，我国不断提高对创新创业环境的发展建设的重视。之后政府部分又出台一系列的政策，把创新创业环境建设作为工作任务的首要部分，在全社会营造良好的发展环境。不断提高创新创业的社会社会环境、市场环境、政策环境和人文环境，使各地区创新创也活动进入了发展的“快车道”。

## 一、社会关注热度

李克强在公开场合发出“大众创业、万众创新”的号召，最早是在 2014 年 9 月的夏季达沃斯论坛上。当时他提出，要在 960 万平方公里土地上掀起“大众创业”“草根创业”的新浪潮，形成“万众创新”“人人创新”的新势态。2015 年李克强总理在政府工作报告又提出：“大众创业，万众创新”。特别是以 6 月 11 日国务院发布《关于大力推进大众创业万众创新若干政策措施的意见》（以下简称《意见》）为标志性的事件。《意见》充分认识推进大众创业、万众创新的重要意义；总体思路；创新体制机制，实现创业便利化；优化财税政策，强化创业扶持；搞活金融市场，实现便捷融资；扩大创业投资，支持创业起步成长；发展创业服务，构建创业生态；建设创业创新平台，增强支撑作用；激发创造活力，发展创新型创业；拓展城乡创业渠道，实现创业带动就业；加强统筹协调，完善协同机制 9 大领域、30 个方面明确了 96 条政策措施。这个文件的发表，集中体现了在中国国家政府最高层面对创新创业的重视。此《意见》的新意和重要意义在于，从国家层面为中国的创新创业发展规划了一个全面的生态机制。

双创指数是反映社会创新创业发展情况的综合指标体系，是基于国家信息中心大数据创新创业建立的，在指数内容上，利用一些非传统意义上的数据，来对整个国家或一个区域的双创发展趋势进行判断，例如：微信公众号数据、微博数据、新闻及博客数据、风险投资数据、专利转移数据、招投标数据、机场航班流量数据以及新成立企业工商登记信息等。可以全面地反映各个领域、各个行业、各个层级的创新、创业情况，并且可以分析变化原因和变化趋势。因此双创指数可以反映一个地区对创新创业的社会关注度。互联网上关于双创的谈论并不上越多越好，谈论的观点也是一个重要的考察因素。

双创搜索指数是以网民在百度的搜索量为数据基础，以双创关键词为统计对象，科学分析并计算出双创在百度网页搜索中搜索频次的加权和。根据使用百度搜索来源的不同，搜索指数又分为 PC 搜索指数和移动搜索指数。媒体指数是以各大互联网媒体报道的新闻中，与关键词相关的，被百度新闻频道收录的数量，采用新闻标题包含关键词的统计标准（图 7-1、图 7-2）。

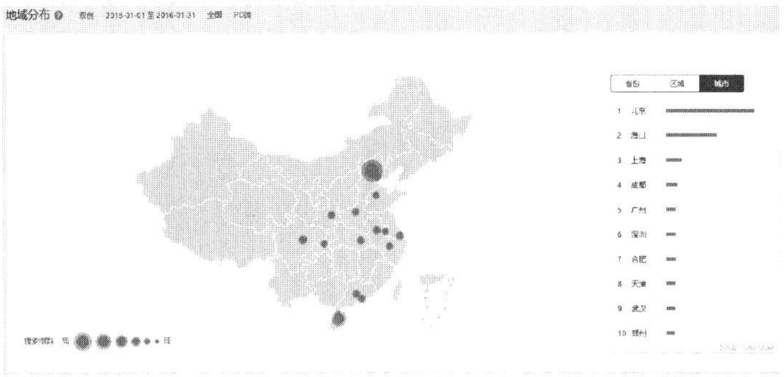


图 7-1　2015 年城市双创指数排行

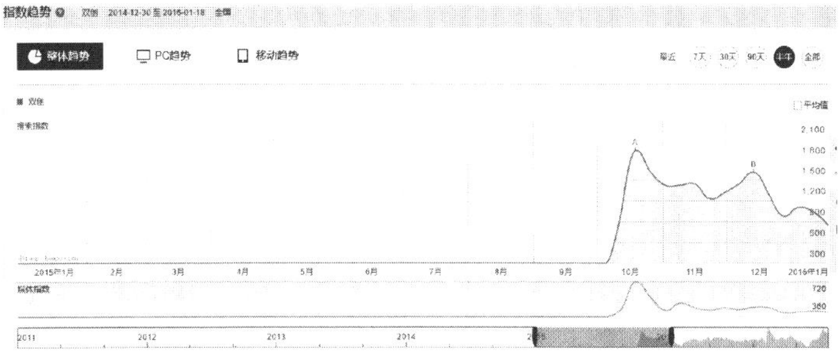


图 7-2　2015 年全国双创搜索指数和媒体关注指数

数据来源：百度指数。

由图 7-3 可以看出全国的双创指数和媒体指数在 2015 年的 10 月、11 月突然爆发，呈井喷式发展，尤其是伴随着 2015 年中国大众创业万众创新活动周的顺利举办，全民和政府对于双创的关注度空前提高。从下图也可以进一步看出京津冀地区与全国一致，也是在 10 月份表现出对创新创业的高爆发关注度，尤其是北京，2015 年一直是全国创新创业的活动中心，为全国其他地区树立了很好的行业领头羊作用，民众对于创新创业的关注最是迅速。虽然以石家庄为代表的河北省的关注指数相对比较低，但就河北省而言也表现出一致的波动现象。这说明 2015 年国家及各地区一系列的鼓励和支持政策的帮助为“大众创业、万众创新”的持续发展扫清了障碍，搭起了发展发展。

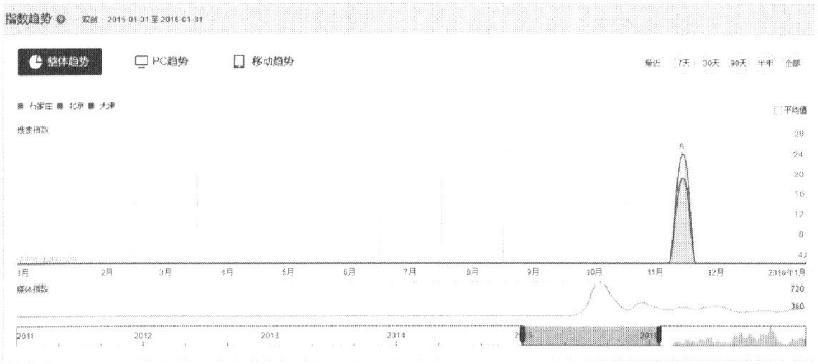


**图 7-3　2015 年京津冀双创搜索指数及媒体关注指数**

## 二、企业发展

由图 7-4 可以看出，除了北京市的规上企业规模表现出轻微的下降趋势，五年来北京市的规上企业的规模由 3 746 家降低到 3 548 家，降低了 5.3%。天津和河北地区的规上企业总数都表现出逐年上升趋势，并且增幅比较稳定，天津市五年间企业由 5 009 家企业增加到了 5 525 家企业，增加了 10.3%，2015 年天津市当年的企业新增数与企业总数的比例为 0.66%。河北省企业新增量则相较于北京天津市最大，五年来河北省新增加了 3 735家企业，占 2015 年企业总量的 24.4%。

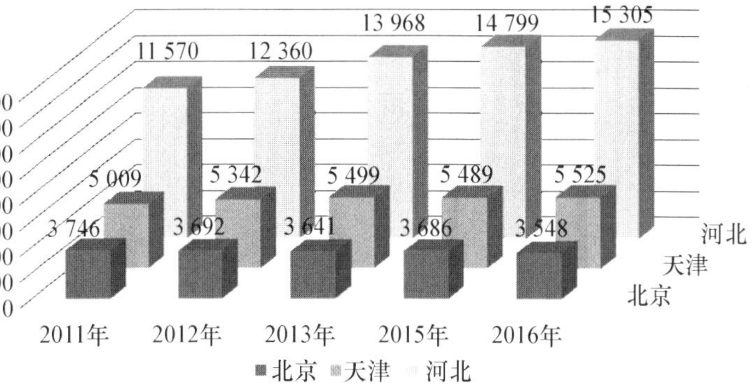


**图 7-4　2011—2015 年京津冀地区规上企业规模变化对比图（家）**

## 第二节　经济社会发展环境

一个地区的经济社会发展水平决定了该地区的创新能力，其经济越发达，对创新发展的投入也就会越大，社会发展的环境越好，对创新的需求拉动力也就越大。加大投入的创新活动又会以较高的创新产出反过来带动该地区经济社会的发展。因此经济社会发展环境是推动一个区域创新发展能力的重要指标。

### 一、居住环境

城市空气质量综合指数是定量描述空气质量状况的无量纲指数。具体是指评价时段内，六项污染物浓度与对应的二级标准值之商的总和。城市空气质量综合指数是衡量一个区域经济发展社会环境的重要指标。

2015 年，京津冀地区 13 个地级以上城市达标天数比例在 32.9％～82.3％之间，平均为 52.4％，比 2014 年上升 9.6 个百分点，比 2013 年上升 14.9 个百分点；平均超标天数比例为 47.6％，其中轻度污染、中度污染、重度污染和严重污染天数比例分别为 27.1％、10.5％、

6.8%和3.2%。13个城市中，张家口达标天数比例为82.3%，6个城市达标天数比例在50%～80%之间，6个城市达标天数比例不足50%。超标天数中以PM2.5为首要污染物的天数最多，占超标天数的68.4%；其次是$O_3$和PM10，分别占17.2%和14.0%。PM2.5平均浓度为77微克/立方米（超过国家二级标准1.20倍），比2014年下降17.2%，有12个城市超标；PM10平均浓度为132微克/立方米（超过国家二级标准0.89倍），比2014年下降16.5%，13个城市均超标；$SO_2$平均浓度为38微克/立方米（达到国家二级标准），比2014年下降26.9%，13个城市均超标；$NO_2$平均浓度为46微克/立方米（超过国家二级标准0.15倍），比2014年下降6.1%，有11个城市超标；$O_3$日最大8小时均值第90百分位数浓度为162微克/立方米，与2014年持平，有7个城市超标；CO日均值第95百分位数浓度为3.7毫克/立方米，比2014年上升5.7%，有4个城市超标。（数据来源：2015年中国环境状况公报。）

## 二、经济环境

人均生产总值情况经常作为衡量区域的经济发展状

况的重要指标，人们能通过人均生产总值情况来了解和把握一个国家或地区的经济社会发展状况。也是衡量人们生活水平、生活环境的重要标准。

从图 7-5 可以看出，北京和天津市地区的人均生产总值是明显高于全国平均水平，到 2015 年是全国平均生产总值的 2 倍多。北京与天津市之间的差距呈现出先增大后减少的形势，2012 年其差距达到最大，天津比北京的人均生产总值高了 5 698 元，截至 2015 年，其差距减少到 1 463 元，达到最小。河北省地区的人均生产总值近年来表现出一直低于全国平均水平的状态，说明河北省的人均生产总值在全国是处于落后的地位。而且河北

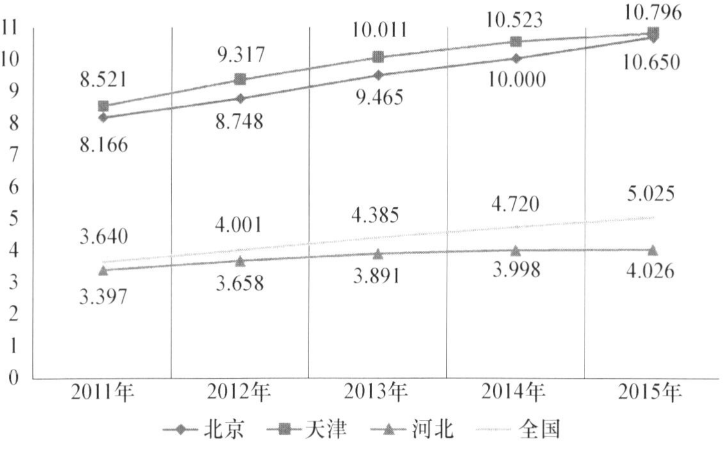


**图 7-5　2011—2015 年京津冀地区人均生产总值对比图（万元/人）**

省与全国平均水平之间的差距在不断加大，从 2011 年的相差 2 434 元加大到相差 9 996 元，五年间河北省与全国生产总值之间的差距增大了 3.1 倍。

## 第三节　科技进步环境

科技进步环境是影响一个区域创新能力强弱的重要因素，因此要分析一个区域的创新能力不得不分析该地区的科技进步环境。科技进步环境主要包括网络环境、人力资源环境、物质硬件环境和科技意识等环境，本节主要从这几部分来讨论京津冀的科技进步环境。

### 一、“互联网＋”环境

从图 7-6 和 7-7 可以看出 2015 年京津冀地区所有企业的电子商务活动情况，进一步可以反映出京津冀地区的互联网环境。由此可知，北京市每百家企业拥有网站数和每百人使用计算机台数都是比较高的，分别是 63 个和 62 台；天津市每百家企业拥有的网站数和每百人的使用计算机台数相对北京而言比较少，分别是 54 个和 31 台；河北省的每百家企业拥有的网站数处于北京和天津之间为 57 个，每百人使用计算机为 19 台，处于最少地位，可见河北省地区企业的计算机等硬件设施距离北京和天津还有一定差距。北京市有电子交易活动的企业不仅在总量上处于京津冀地区遥遥领先地位，达到 5 350 家，而且所占比重也远高于其他地区，占到北京本地区的

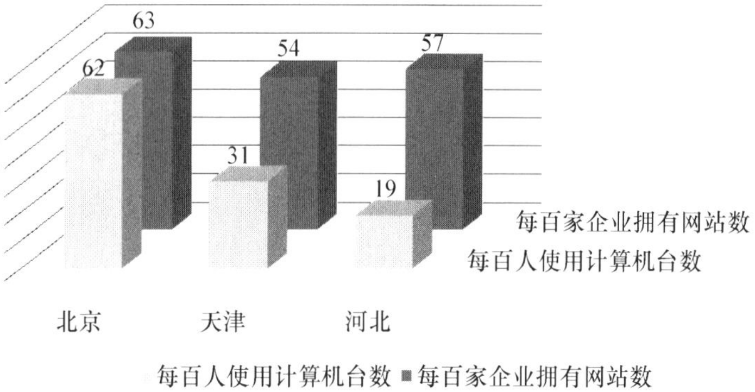


**图 7-6　2015 年京津冀地区每百家企业拥有的计算机和网站情况**

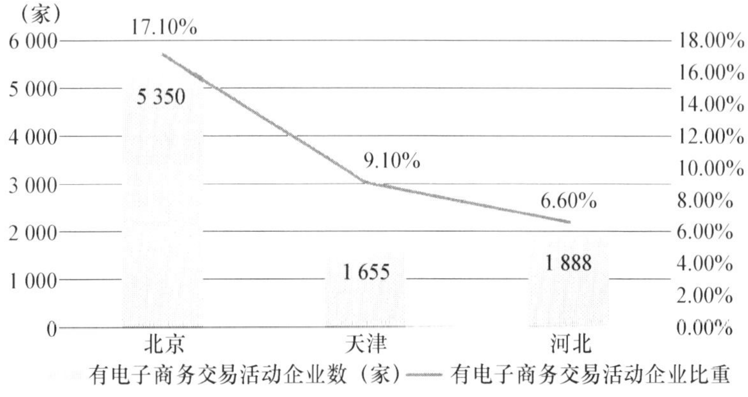


**图 7-7　2015 年京津冀地区有电子商务交易活动的企业所占比重**

17.1%。天津有电子商务交易活动的企业总量处于最少地位，为 1 655 家，占到本地企业的 9.1%。河北省拥有电子商务交易活动的企业总量仅低于北京，而高于天津，为 1 888 家，占到本地企业总量的 6.6%。

2015 年北京地区的电子商务采购额和销售额都处于京津冀的最高峰，分别是 9 534.1 亿元和 10 530.5 亿元；天津和河北距离北京具有较大的差距，天津的电子商务采购额为 2 068.4 亿元，电子商务销售额为 3 148.6 亿元；河北省则最少，电子商务的采购额为 863.5 亿元，电子商务的销售额为 1 440 亿元，处于京津冀地区的落后水平（图 7-8）。

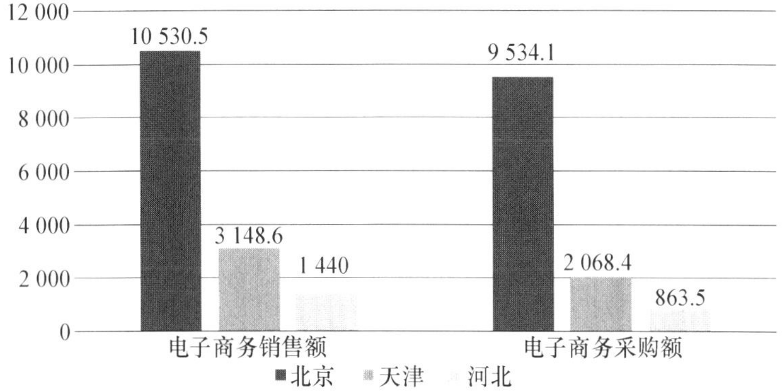


**图 7-8　2015 年京津冀地区的电子商务销售额和采购额情况（亿元）**

2015 年 5 月至 7 月，阿里研究院相继发布了 2015 年中国“电商百佳城市”和“电商百佳县”排行榜。根据阿里巴巴公布的全国电商发展指数榜单，了解到京津冀地区的网商、网购发展指数情况，如表 7-1 所示。

**表 7-1　　京津冀电商发展指数**

| | 阿里巴巴<br>电子商务发展指数 | 电子应用<br>指数 | 电子服务<br>指数 | 全国城市<br>排名 |
|---|---|---|---|---|
| 北京 | 25.4 | 19.3 | 31.5 | 5 |
| 天津 | 8.3 | 11.2 | 5.3 | 40 |
| 石家庄 | 8.04 | 10.1 | 5.9 | 41 |

数据来源：阿里研究院、中国县域电商发展指数报告。

电商应用指数是阿里研究院将网商密度指数、网商交易水平指数、网购密度指数以及网购消费水平指数按照一定权重计算出来的反应地区城市的电子商务发展情况的指标。电商服务指数是阿里研究院将 B2B 交易服务、网络零售交易服务、互联网和移动支付服务以及电商快递服务等指标按照一定权重计算出来的。由表 7-1 可以看出北京市无论是在电子应用指数还是电子服务指数都处于领先水平，位居全国城市的第五名。天津市和以石家庄为代表的河北省则与北京差距较大，尤其是电子服务指数不到北京地区的 1/5 分别为全国城市的第 40 名和第 50 名。

## 二、科技进步人力资源

截至2015年底，北京市的两院院士共有763名，国家“千人计划”人才1 300多名，万人R&D人员114.51人年/万人，居于全国第一位；万人大专以上学历人数4 120.76人/万人，居于全国第一位。天津市的两院院士共有36名，国家“千人计划”人才140名，万人研究与发展（R&D）人员77.13人年/万人，居于全国第二位，万人大专以上学历人数2 305.3人/万人，居于全国第三位。

河北省到2015年年底共有“两院”院士15人，国家“千人计划”专家31人，万人研究与发展（R&D）人员12.45人年/万人，万人大专以上学历人数773.42人/万人，国家“百千万”人才工程人选46人；省高端人才36人，省巨人计划创新创业领军人才100人，省“百人计划”人选82人，省科技英才“双百双千”推进工程创新创业团队45个，科技型中小企业创新英才90人，省青年拔尖人才120人，省杰出青年基金人才89人。累计选拔省管专家495人，省有突出贡献中青年专家1 643人、省政府特殊津贴专家234人，“三三三”人才工程各层次人选

10 783 人、专业技术人才总数已达 191.5 万人，形成了一批高层次创新型优秀人才群体。（数据来源：北京市科技创新情况简介，天津市科技创新情况简介，关于河北省创新工作的有关情况。）

## 三、科技意识

科普人员包括科普专职和兼职两种人员之和，可以反映出地区对于科技重要性意识程度。

由图 7-9 可以看出，京津冀地区科普专职和兼职人员数量的变化。河北省 5 年间的变化最大，每年的科普人员总数都大量增加，2015 年达到最高峰，总共 62 754 人，比 2011 年增加了 26 123 人，增加了 71.3%，是同期北京科普人员总量的 1.3 倍，天津的 1.65 倍。相较于河北，北京和天津的科普人员总量变化则较小，北京 2014 年达到人数最高峰 48 771 人，天津 2014 年也达到科普人员总量最高峰 45 173 人，2015 年又有所下降，降到 37 941 人，下降了 16%。而京津冀地区的科普人员中专职人员和兼职人员所占比例情况由表 7-2 可以看出，京津冀地区的科普人员组成中均是兼职人员占多半，并且兼职人员与专职人员的比重相差悬殊，尤其是天津地区，兼职人员最高可达专职人员的 13.25 倍，最低也在 9.97 倍。相差最小的是北京，该地的科普人员组成比例基本稳定，保持在 1∶5.5 左右。而河北地区近年来的比例表现为不断加大兼职人员的权重现象，兼职人员与专职人员之比已由 2011 年的 1∶5.5 增加到 2015 年的 1∶8.3。

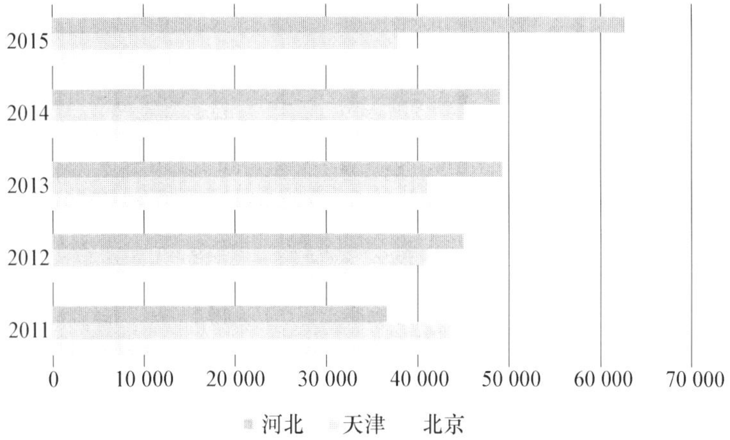


**图 7-9　2011—2015 年京津冀地区科普人员总计（人）**

**表 7-2　京津冀科专职人员和兼职人员情况**

单位：人

| 年份 | 北京 | | | 天津 | | | 河北 | | |
|---|---|---|---|---|---|---|---|---|---|
| | 专职人员 | 兼职人员 | 比重（%） | 专职人员 | 兼职人员 | 比重（%） | 专职人员 | 兼职人员 | 比重（%） |
| 2011 | 6 762 | 37 817 | 5.59 | 3 242 | 40 238 | 12.41 | 5 648 | 30 983 | 5.49 |
| 2012 | 6 147 | 32 196 | 5.24 | 3 095 | 38 009 | 12.28 | 5 689 | 39 367 | 6.92 |
| 2013 | 6 728 | 36 172 | 5.38 | 3 748 | 37 354 | 9.97 | 5 881 | 43 459 | 7.39 |
| 2014 | 7 727 | 41 044 | 5.31 | 3 171 | 42 002 | 13.25 | 5 846 | 43 242 | 7.40 |
| 2015 | 7 324 | 40 939 | 5.59 | 3 039 | 34 902 | 11.48 | 6 771 | 55 983 | 8.27 |

科普经费筹集额即年度科普经费筹集金额的数量，反映出地区对于科技重要性意识程度。从图 7-10 可以看出，北京市的科普经费筹集额要远远高于天津和河北地区，到 2015 年北京市的科普经费筹集总额达到 21.26 亿元，而同期的天津地区科普经费筹集额仅有 2.13 亿元，河北地区 2.82 亿元。北京的科普经费筹集额约是同期天津市的 10 倍，河北的 7.5 倍。京津冀地区近年来的科普经费筹集额情况整体上表现出稳定发展，上下波动不大。

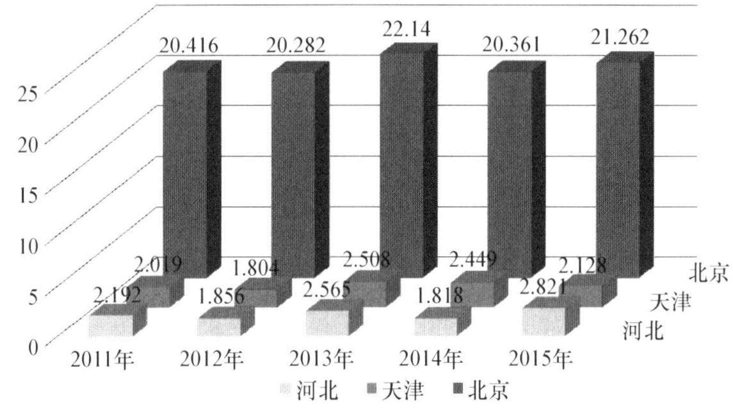


**图 7-10　2011—2015 年京津冀地区科普经费筹集额对比图（亿元）**

## 第四节　金融平台环境

对于科技创新活动，在人力和技术资源充足的情况下，金融平台环境才是决定创新成败的关键因素，所以金融平台环境也是衡量一个区域创新环境的重要指标。金融平台环境指标主要是指一个地区的金融供给、金融风向和双创平台的情况。

## 一、金融供给

### （一）新三板市场

2015年，投资全国中小企业股份转让系统（新三板市场）成为中国投资者的又一新选择，投资者可以通过直接开户或购买新三板相关投资产品进入市场。“新三板”市场原指中关村科技园区非上市股份有限公司进入代办股份系统进行转让试点，因为挂牌企业均为高科技企业而不同于原转让系统内的退市企业及原STAQ、NET系统挂牌公司，故形象地称为“新三板”。目前，新三板不再局限于中关村科技园区非上市股份有限公司，也不局限于天津滨海、武汉东湖以及上海张江等试点地的非上市股份有限公司，而是全国性的非上市股份有限公司股权交易平台，主要针对的是中小微型企业。

截至2015年12月中旬，新三板市场投资者账户数已达21万户，是2014年年末的4.3倍。至2015年12月末，全国中小企业股份转让系统（新三板市场）挂牌公司累计突破5 000家，其中，2015年挂牌3 400多家，尤其在融资方面，股转公司发布数据显示，2015年，新三板融资规模达到了1 216.17亿元，超过创业板。其中，挂牌同时发行337次，发行44.78亿股，融资217.49亿元。这一高速增长的态势不仅显示出中国资本市场蕴含的巨大能量，也让高成长创新企业与投资者分享到了市场红利。2015年新三板融资额已过千亿元大关。据全国股转系统信息研究部总监孟浩介绍，2015年新三板市场平均单次融资4 800万元，总融资额已达1 173亿元，是2014年全年的8.88倍。与人们印象中股市公开增发、配股动辄融资数亿元相比，新三板挂牌公司发行单笔融资金额不大。但2015年以来很多资金主动投向新三板市场，根据统计，专业机构针对新三板市场的投资产品，由2014年底的21只增长到1 614只。尽管一些主业较为另类的企业挂牌新三板引起关注，但并非都能成功融资。在新三板放宽市场准入之后，投资者对于挂牌公司的自主选择，成为企业获得融资的决定因素，因此“垃圾公司”在新三板很难获得融资。（数据来源：中国创新创业

2015 年度报告。)

（二）战略新兴板

除了新三板市场，为了扶持中国的创新型创业企业，2015 年，中国还确定建立上海证券交易所（以下简称上交所）战略新兴板，这是继深圳交易所创业板后又一重大融资市场机制创新。截至 2015 年 12 月 25 日，创业板上市公司总数达到 489 家，新三板挂牌企业总数突破 5 000 家。据统计，现在在排队的企业有几万家，实际有上市需求的企业有几十万家，现在的创业板和新三板远远不能满足需要，创业企业对上市有“刚需”。与“刚需”相对的，却是资本市场支持的不足。有数据显示，有超过 1 200 家中国企业通过红筹模式在境外上市，市值达到 2.5 万亿美元，其中新兴企业的市值超过 1.3 万亿美元，基于“互联网＋”企业的市值超过 6 000 亿美元，这其中不乏增长力强、增长迅速、对维护国家安全具有战略性意义的优质企业。但这些在境外上市的大部分中小企业都没能获得国际投资者的认可，股价长期低迷，融资功能基本丧失。于是，从 2010 年开始，中股便出现了密集的私有化退市。但问题是，目前的市场并没有很好的重返 A 股的机制。当前，中概股回归 A 股的主流路径是，从海外市场私有化退市，赴国内新三板挂牌，最终通过转板或其他方式实现A股上市。

未来战略新兴板可以支持未盈利的互联网企业在A股市场发行上市。战略新兴板定位“新兴产业和创新型企业”，重点服务于已跨越了创业阶段、具有一定规模的新兴产业企业和创新型企业新兴产业板在发行流程、交易制度、股权激励等方面有望实行特殊安排，未来优质企业有望回归A股。同时，配合新三板向创业板的转板试点，新兴产业的股权融资将获得长期利好。战略新兴板最为引人注目之处，在于弱化了对申请上市企业利润的要求。为抢夺市场份额竞相烧钱陷于全行业亏损，甚至成为行业龙头之后盈利仍遥遥无期的互联网企业。首批挂牌的企业可分为三类：一是主板排队公司。由于A股市场相对脆弱，IPO即使重启也难以改变“积压”日益严格的情况。所以，新兴板将优先从申请上主板的企业中挑选，以缓解“排队”现象。二是具备创新性的“新兴企业”，如蚂蚁金服、爱奇艺、同程等。三是回归的中概股。战略新兴板的目标是建成东方的纳斯达克市场。上交所战略新兴板门槛低，旨在服务于中小微创业创新型企业融资，让这些企业几乎是无门槛地上市，顺畅获得起始发展资金。一开始就实行真正的注册制，彻底摒弃审批制。要先把战略新兴板的制度设计安排、企业上市财报的真实性审查等，全部赋予上交所，而非监管部门。上交所战略新兴产业板方案已于2015年年底初步拟定，战略新兴板预计将于2016年上半年推出。根据该方案，战略新兴板定位与创业板相同，审核标准与主板一致，并会优先在主板排队的公司中挑选符合战略新兴产业标准、获得券商推荐以及招股书披露完备且符合资质的企业在该板上市。（数据来源：中国创新创业2015年度报告。）

## 二、双创平台

科技企业孵化器是以科技型创业企业为服务对象，通过开展创业培训、辅导、咨询，提供研发、试制、经营的场地和共享设施，以及政策、法律、财务、投融资、企业管理、人力资源、市场推广和加速成长等方面的服务，以降低创业风险和创业成本，提高企业的成活率和成长性，培养成功的科技企业和企业家。孵化器是加速先进科学技术成果转化的助推器，是实现科技创新、创业的有效途径，京津冀地区近年来建立起了一批企业孵化器。

北京市 2015 年建有市级以上高新区 1 个，其中国家级 1 个；市级以上重点实验室为 509 家，其中国家级实验室为 120 家；市级以上工程技术研究中心有 352 个，其中国家级重点研究中心 67 个，以及中关村国家自主创新示范区、北京经济技术开发区等一批国家级高水平创新平台。北京市 2015 年有众创空间 200 余家，孵化器、大学科技园 150 余家，服务企业超过 2 万家，已经形成了以众创空间、科技企业孵化器、产业园区为核心，技术转移、投融资、知识产权等各类服务机构有机联系的创新创业生态系统和全链条孵化体系。北京市众创空间已成为全国“双创工作”发展的风向标。中关村创业大街自 2014 年 6 月开街以来，累计孵化团队 1 791 家，合作投资机构超过 2 500 家，有 483 个团队获得融资，总融资额达到 33.88 亿元。（数据来源：《2015 年北京市众创空间发展报告》和《北京市众创空间蓝皮书 2015》。）

天津市 2015 年拥有市级以上高新区 5 个，其中国家级高新区 1 个；市级以上重点实验室 168 家，其中国家级 61 家；市级以上工程技术研究中心共有 232 个，其中国家级工程技术研究中心 36 个。根据科技部发布的众创空间名单显示，2015 年众创空间共计 498 家，其中天津市拥有 31 家众创空间。

河北省围绕打造京津冀协同创新共同体，借力中关村及京津科研院校，合作共建了保定中关村创业大街、北大中电科技园、石家庄金种子创业谷等一批创新创业平台。2015 年建有市级以上高新区 29 个，其中国家级高新区 5 个；国家和市级已上重点实验室 105 家，其中国家级实验室为 12 家；市级以上工程技术研究中心 231 个，其中国家级的技术研究中心有 5 个。依靠开发区、高校和骨干企业，建设各类众创空间共 200 余家。河北省省级以上众创空间共 32 家，其中国家级众创空间 15 家，省级众创空间 17 家。科技企业孵化器共有 61 家在省级以上，其中国家级科技企业孵化器 18 家。孵化器孵化场地面积超过 3 000 000 平方米，入孵企业 5 000 多家。各类创业辅导基地 368 个，吸纳 20 余万人就业。（数据来源：关于报送京津冀协同创新工作总结。）

## 第五节　政策环境

政策环境是创新环境的核心。京津冀地区高度重视科技创新建设的问题，先后出台了一系列政策措施，京津冀地区的创新创业政策环境渐入佳境。这些政策、法规和措施的颁布和实施加强了制度创新的制度建设，改善了创新环境，为京津冀地区创新活动的发展提供了良好的政策基础。

北京市自2011年以来，在中关村示范区先后实施了“1+6”、新四条、新新四条等先行先试的试点政策，“1”是指中关村创新平台，“6”是指支持中关村深化实施先行先试改革的6条政策。2014年以来，北京市制定实施《加快推进高等学校科技成果转化和科技协同创新若干意见（试行）》（简称“京校十条”）和《加快推进科研机构科技成果转化和产业化的若干意见（试行）》（简称“京科九条”），针对加快高校院所的科技成果转化和产业化，提出了一系列具有突破性的改革举措和政策措施。2014年8月，北京市科委与海淀区共同推动，以北大、清华、中科大、北航、北理工、农大、中科院等13家科研单位和商飞、潍柴、美亚柏科等70多家行业龙头及高科技领军企业为基础，成立“北京协同创新研究院”。2014年9月，北京市委、市政府发布实施《关于进一步创新体制机制加快全国科技创新中心建设的意见》，为北京发挥全国科技创新中心作用提供体制机制保障。2014年12

月，国务院决定将中关村示范区科研项目经费管理改革等6项试点政策在全国推广，技术人员和管理人员股权奖励分期缴纳个人所得税等4项政策在所有国家自主创新示范区、合芜蚌自主创新综合试验区和绵阳科技城推广。

近年以来，天津市先后出台若干发展意见（津党发〔2010〕9号文件、津政发〔2012〕22号文件）、五年成长计划（津政发〔2010〕34号文件）、三年行动计划（津政发〔2012〕21号文件）、小巨人升级版（津党发〔2015〕27号文件）等200余件政策及配套文件。把发展科技型中小企业，作为贯穿“十二五”、加快转变发展方式、提升创新能力的关键一招，坚定不移地抓、千方百计地抓，实施政策聚焦、工作聚力、全力搞好服务，推动科技型中小企业形成了“铺天盖地、顶天立地”的发展态势。2015年12底，天津市委、市政府印发《关于打造科技小巨人升级版的若干意见》（津党发〔2015〕27号）。“十三五”期间，天津市财政投入250亿元，重点抓好能力、规模、服务三个升级，开展“领军企业培育”“小升高”“人才引进培养”“小壮大”“并购双百”“企业上市融资”等六大工程，优化政府公共服务、技术平台服务、科技金融服务、园区服务等四项服务，到2020年科技型中小企业达到十万家、科技小巨人企业达到5 000家、挂牌上市400家。

河北省2015年创新政策新增28条、科技体制改革119条、科技计划管理改革31条、发展众创空间15条、知识产权18条、科技金融16条等一批科技新政密集出台。启动了“双创促转型河北在行动”系列主题活动，开展了“携手京津，拥抱双创”、京津创业导师河北行、科技创新创业大赛等活动，支持引进154个带技术、带成果、带项目的京津产业创新团队和1 878名创新人才到河北创业。推进了一批先行先试政策落地。一是积极推动6项中关村先行先试政策和4项国家自主创新示范区先行先试政策体系在自创区落地实施。二是围绕科技创新，在知识产权、大学生创业、科技金融、科技型中小企业“撒手锏”产品认定和技术先进认定等方面共出台政策21项。三是在高端人才重大奖励、支持企业跨境并购、创新创业通票、银行间资产证券化、重大创新与产业化项日专项奖励、支持企业上市、知识产权做市商制度等方面研究制定“津领七条”原创政策，努力探索政策兑现与金融结合的新模式。

# 第八章　指标体系及说明

本章的创新能力指标体系是参照中国科技发展战略研究小组的《中国区域创新能力发展报告》构建并在此基础上进行修改制定的。本篇指标体系框架主要由 6 个一级核心指标，21 个二级指标，38 个三级指标以及 49 个具体指标构成。依据本指标体系框架对京津冀地区以及全国进行全面综合的比较和分析。从创新资源、知识创造、创新极培育和企业创新、创新绩效和创新环境六个方面来对京津冀地区的创新能力进行分析，有效衡量京津冀地区对于新知识、新技术等科研成果的转化能力，是否能够促进该区域可持续的创新发展来进行研究。

## 第一节　指标体系框架

指标体系框架见表 8-1。

**表 8-1　　区域指标体系框架**

| 一级指标 | 二级指标 | 三级指标 | 具体指标 |
| --- | --- | --- | --- |
| 创新资源 | 资产资源 | 资源存量 | 规上企业资产总计（万元） |
| | | | 规上企业主营业务收入（万元） |
| | 资金资源 | 新增科技投入 | 研究与试验发展（R&D）经费总额 |
| | | | 研究与试验发展（R&D）经费强度 |
| | 人力资源 | 人力资本 | 大专以上学历人员（人） |
| | | | 专业技术人员 |
| | 技术资源 | 技术存量 | 万人专利拥有量 |
| | | | 万人发表论文数 |
| 知识创造 | 专利 | 人均专利效率 | 万名研究人员发明专利申请数 |
| | | | 万名研究人员发明专利授权数 |
| | | 资金专利效率 | 亿元 GDP 专利申请数 |
| | 论文 | 科技论文水平 | 科技论文总量占全国比重 |
| | | 科技论文效率 | 万名科学研究人员科技论文数 |
| 创新极培育 | 产业创新活力 | 产业创新投入 | 技术改造和消化吸收经费投入（万元） |
| | | 产业自主创新水平 | 新产品销售收入 |
| | | 吸引投资水平 | 获得外商投资额 |
| | 区域创新极培育环境 | 协同创新水平 | 高校和科研机构 R&D 经费内部支出中来自政府支出占比 |
| | | | 高校和科研机构 R&D 经费内部支出中来自企业支出占比 |
| | | | 高校和科研机构 R&D 经费外部支出中对企业支出占比 |
| | | 知识产出水平 | 高校和科研机构发表科技论文（篇） |
| | | | 高校和科研机构出版科技著作（篇） |
| | | 中介服务水平 | 技术市场成交额（万元） |
| | | 科技政策 | 地区财政科技支出占地方财政一般预算支出比重 |
| | 区域经济发展水平 | 产业创新产出 | 产业主营业务收入（万元） |
| | | 产业国际竞争力 | 区域出口额/全国出口额 |

续表

| 一级指标 | 二级指标 | 三级指标 | 具体指标 |
| --- | --- | --- | --- |
| 企业创新 | 企业知识创新 | 人才结构 | 科学研究人员与技术人员比重 |
| | | 专利效率 | 万名企业研究人员申请专利数 |
| | 企业研发机构 | 研发机构 | 规上企业研发机构数（个） |
| | | 人员拓展 | 规上企业研发机构人员（人） |
| | 企业产品创新 | 企业R&D投入水平 | 企业人均R&D内部经费 |
| | | 新产品创新能力 | 企业新产品收入/企业主营业务收入 |
| | 技术吸收能力 | 企业技术吸收力 | 100×（R&D外部经费＋国外技术引进）/（R&D内部经费＋R&D外部经费＋国外技术引进） |
| 创新绩效 | 新产品 | 新产品出口率 | 新产品出口额/总出口额（%） |
| | 税收 | 税收创造 | 应缴税收 |
| | 效率 | 产出效率 | 万元GDP综合能耗（吨标煤/万元） |
| 创新环境 | 创新创业环境 | 社会热度 | 创新创业关注度 |
| | | 企业发展 | 当年新增企业数与企业总数情况 |
| | 经济社会发展环境 | 居住环境 | 城市空气质量综合指数 |
| | | 经济环境 | 人均GDP（元） |
| | | “互联网＋”环境 | 企业发展连接 |
| | | | 行业发展整合 |
| | 科技进步环境 | 科技进步人力资源 | 科技进步人才数量 |
| | | 科技意识 | 科普专职和兼职人员数（人） |
| | | | 年度科普经费筹集额（万元） |
| | 金融平台环境 | 金融供给 | 新三板和新兴板挂牌量 |
| | | 双创平台 | 孵化器个数（省级及以上） |
| | | | 众创空间个数（省级及以上） |
| | 政策环境 | 政策支持 | 支持双创省级及以上政策文件数（条文数） |

## 第二节　指标体系数据来源

指标体系数据主要来源于《中国科技统计年鉴》《中国高技术产业年鉴》《北京经济统计年鉴》《中国统计年鉴》《2015 年中国环境状况公报》《中国县域电商发展指数报告》《北京市科技创新情况简介》《天津市科技创新情况简介》《关于河北省创新工作的有关情况》《中国创新创业 2015 年度报告》《2015 年北京市众创空间发展报告》和《北京市众创空间蓝皮书 2015》《关于报送京津冀协同创新工作总结》，以及百度指数、中国国家数据统计局等。

JINGJINJI QUYU

KEJI CHUANGXIN FAZHAN BAOGAO

# 跨区域创新指数篇

# 第九章　跨区域创新综合说明

京津冀一体化是激扬中国梦的伟大实践，是国家重大发展战略，只要沿着“京津冀一体化”的路径勇往直前，就能最大化地发挥各地的优势，也只有这样，才能走出大城市发展瓶颈，创出一条大城市可持续发展的新路径，打造世界首都经济圈良性发展新辉煌，为顺利实现百年中国梦做出更大的贡献。

关于京津冀地区跨区域的创新能力，本篇制定了衡量跨区域创新能力的指标体系。该指标体系主要由以下要素构成：

（1）创新资源共享。对于跨区域创新来讲，创新资源共享占据非常重要的地位。而教育资源共享和科技资源的共享又是衡量地区跨区域创新资源共享程度的主要因素。

（2）创新合作指数。在这个竞争十分残酷激烈的市场经济时代和互联网时代，合作共赢更是时代的选择，合作共赢是“1＋1”，但它不等于“2”，而是要大于

“2”，合作可以使各方共克时艰，共赢商机，提振信心，共同发展，京津冀跨区域创新合作是实现京津冀一体化的必然选择。

（3）区域一体化总指数。京津冀一体化对北京、天津、河北都是兼具机遇和挑战，应积极抓住这一历史机遇，加快推进京津冀一体化发展。而京津冀区域一体化是包含多方面的一体化，主要有交通一体化、经济一体化和社会一体化等。

（4）创新极共生效应指数。共生单元由于共生关系的存在而产生的相互影响的因果现象，即共生效应，涉及共生单元、共生关系和影响结果三个要素。

（5）产业合作。如今京津冀产业合作进入了全新的发展时期，并呈现出前所未有的趋势。审时度势，总结这些新特点、新趋势，有助于把握京津冀区域发展机会，制订合理的计划。

本篇为京津冀跨区域创新指数篇。从创新资源共享、创新合作指数、区域一体化总指数，创新极共生效应指数和产业合作五个方面来对京津冀地区跨区域进行创新指标体系的构建。根据创新指标体系的对京津冀三个地区进行了系统、详细的分析。

# 第十章　创新资源共享

京津冀的协同发展已是必然趋势。之前提到，京津冀发展程度不一，差距较大，北京市创新综合能力要优于天津和河北，这与三地所拥有的相关创新资源的不同有密不可分的关系，创新资源在三地之间的流动对拉近京津冀间的差距、更好地实现京津冀创新协同发展具有重要意义。而创新资源包括很多，从区域创新资源角度来讲，教育资源和科技资源的共享在创造资源共享中占有极其重要的地位，这一章主要对京津冀地区教育资源共享以及科技资源共享进行分析。

## 第一节　教育资源共享

百年大计，教育为本。一个国家或者地区有没有发展潜力看的是教育，富不富强看的也是教育。区域良好发展离不开优秀的教育资源，京津冀三地的教育水平有着相当的差距，大多数人钟情于北京的名校、名师，趋之若鹜。这些优秀的教育资源在京津冀之间良性流动，势必会在一定程度上缩小三地之间的教育差距。本节从硬件资源共享和师资资源共享两方面对京津冀地区间的教育资源共享进行分析。

## 一、硬件资源共享

硬件资源共享主要是指实验设备、教学研究设施等的共享。

由图 10-1 可以看到，京津冀三地在 2011—2015 年期间，在教育的硬件资源上投入逐年增多，说明京津冀越来越重视教育在国家发展中的作用。

北京市 2015 年教学设备总额达 22.15 亿元，相比 2011 年的 17.27 亿元，增幅约 28%。天津市也由 2011 年 3.56 亿元增至 2015 年的 6.96 亿元，涨幅高达 95%。相对来说，教育水平比较落后的河北省，2015 年的教育总值较 2011 年增加约 1.5 倍。虽说京津冀在教育硬件资源上的投入都是逐年增多的，但是，以 2015 年为例，北京的教学设备价值总额是同期天津的 3.2 倍，是河北的

10.5倍，这些数据让我们清楚地看到了京津冀之间的差距。教学设备在京津冀间的流动、共享，一来可以节省购买设备的资本，二来可以增大教学设备的利用率，有些高校的某些教学设备的利用率极低，这在一定程度上造成了浪费，京津冀之间教学设备的共享可以有效避免这种情况。

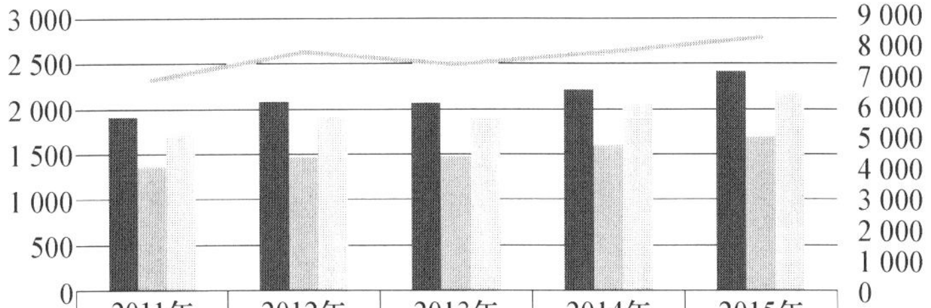


| | 2011年 | 2012年 | 2013年 | 2014年 | 2015年 |
|---|---|---|---|---|---|
| 北京 | 1 912 | 2 083 | 2 072 | 2 223 | 2 425 |
| 天津 | 1 354 | 1 469 | 1 474 | 1 598 | 1 697 |
| 河北 | 1 739 | 1 935 | 1 937 | 2 105 | 2 200 |
| 全国 | 69 719 | 78 852 | 74 896 | 79 092 | 83 844 |

**图10-1　京津冀及全国地区教学设备情况（万元）**

河北和北京、天津教育的差距主要体现在基础设施和公共服务方面，以高等院校为例，全国的985院校、211院校主要集中在京津，特别是北京，北京211院校是26所，985院校是8所，河北百余所高校，但211院校仅有一所，没有985院校。针对当前高等教育资源在京津冀三地严重不均衡的情况，建议成立京津冀高校联盟，实现京津冀间教学设施的共享，支持引导京津的学校依托河北的高校联合办学，以此解决北京高校本科院校办学空间不足、办学规模小的问题，在疏解高校方面统筹规划，加大资源整合的力度。

## 二、师资资源共享

教师是教育资源共享内容的主要源泉。

近年来，京津冀高级教师的数量毫无例外全部呈现逐年上升的趋势，2011 年，北京市高级教师为 12 340 人，天津市高级教师 4 275 人，而河北省为 7 938 人，时至 2015 年，京津冀三地的高级教师数量都有大幅度上涨，北京市的高级教师数量增至 17 915 人，涨幅约为 45%，同期天津市高级教师人数约 4 762 人，增长了 11%，河北省为 9 863 人，同比上涨 24%。同样，以 2015 年为例，北京市的高教人数约是同期天津市的 4 倍，是河北省的 2 倍。同年，北京市的高级教师数量约占全国优秀教师数量的 9%，天津市占 2%，河北省占 5%。相对来说，天津市高级教师的数量较少，北京市大量的高级教师或许可以解释其优秀的教育质量。

北京、天津和河北三地的教育部门在学校合作、教

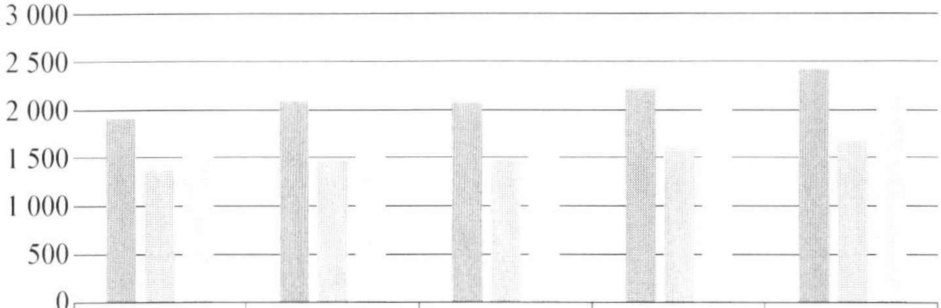


| | 2011年 | 2012年 | 2013年 | 2014年 | 2015年 |
|---|---|---|---|---|---|
| 北京 | 1 912 | 2 083 | 2 072 | 2 223 | 2 425 |
| 天津 | 1 354 | 1 469 | 1 474 | 1 598 | 1 697 |
| 河北 | 1 739 | 1 935 | 1 937 | 2 105 | 2 200 |

**图 10-2　京津冀地区高级教师数量情况（人）**

师授课等方面进行优质的资源共享，北京景山学校曹妃甸分校是京津冀第一所跨区域合作的学校。北京景山学校曹妃甸分校建立在河北省唐山市的曹妃甸地区，景山学校曹妃甸分校在教材、教学思想、方法理念都与北京的本校保持一致，在办学管理模式上，景山学校曹妃甸校区也借鉴了北京景山学校注重素质教育的理念，成功地将北京的教学方法、教学模式等引入了河北省。按照《京津冀协同发展规划纲要》和教育部要求，京津冀三省市政府教育部门还签署了相关合作协议。充分发挥京津基础教育优质资源的辐射带动作用，通过优化区域内基础教育学校布局，努力缩小区域、城乡间教育发展差距。目前北京五中、八一学校、北京八中、史家胡同小学等也正在与河北、天津区域内其他区县签订分校项目。

北京的教育品牌特别多，成功案例也数不胜数，在人才的吸引、办学的管理等方面，河北省可以借鉴北京的管理模式把自身的资源基础做起来。加强北京名校和地方资源对接，通过网络化和信息化加强人才培训，实现三地优质教育资源共享，尽快缩小河北和京津在教育资源上的差距。

目前，北京、天津与河北省基础教育交流项目已经达到230多个，河北省58所职业学校与京津两市225家企业建立校企合作关系。高等教育同城化加快推进，一批京津高校在河北开办分校、分院，人才培养学科建设合作持续深化。

## 三、知识资源共享

知识资源共享主要指的是专利成果在京津冀三地间的共享。

2015年4月，在北京经济技术开发区，京津冀知识产权发展联盟正式宣布成立。相关统计数据表明，京津冀地区汇集了全国46%的有效发明专利，三地优质知识产权服务项目将汇入“资源池”，实现三地创新型企业合作共享。据不完全统计，北京、天津、河北三地创造了10.9%的国内生产总值，汇集了29.9%的有效专利量和46%的有效发明专利。

“十二五”时期，北京专利申请量和授权量累计达到58.8万件和32.3万件，截至2015年年底，北京市万人发明专利拥有量达到61.8件。如此客观的知识成果存量，仅靠北京自身的市场难以消化，导致了知识成果大量积淀等问题，尤其是在“非首都功能疏解、产业升级结构调整”的大背景下，北京有知识产权和智力成果向津冀输出的现实需要。天津和河北工业比较发达，但也面临激烈竞争，两地既有从北京输入知识成果促进产业升级的需求，也有向北京输出知识成果进一步开拓市场的需求。目前，京津冀三地共有120家创新型企业和30家知识产权服务机构加入联盟。

京津冀教育一体化最重要的是“资源”，资源共享是基础，三地民间的交流合作一直有，多以互派学生、老师访问、交流和培训的方式进行。未来，京津冀协同发展大学教育，一是可以进行联合办学，以院系合办的方式共建优势特色学科；二是做大访学平台，通过接受访问学者共享优质高效资源；三是在京高校可以为河北、天津两地的高校专门培养输送人才。

## 第二节　科技资源共享

科技资源的整合共享，科技协同创新是京津冀协同发展的关键和核心内容之一，为京津冀协同发展提供创新驱动力。科技资源共享作为科技资源优化与整合的重要手段，在缓解有限的科技资源与高效发展间的矛盾、为区域发展创新协调发展提供物质基础、实现科技资源的集约化增长等方面都有着重要作用。科技资源共享一般主要包括三个方面：一是物理资源的共享，主要包括大型仪器、设备和试验条件等的共享；二是信息资源的共享，包括文献、图书、资料、科学数据等的共享；三是人才资源的共享。

### 一、物理资源共享

截至 2015 年，北京市科技设备仪器总值达 89.02 亿元，天津市为 151.95 亿元，河北省仪器设备总额为 127.71 亿元，三地区较之 2011 年的仪器设备原价总值分别上涨大约 100.6％、71.4％、49.7％。2011—2015 年间，天津市的仪器设备价值最高，河北省次之，北京最低。但是纵向来看，京津冀三地五年来在科技设备方面的支出都是呈逐年上升态势的（图 10-3）。

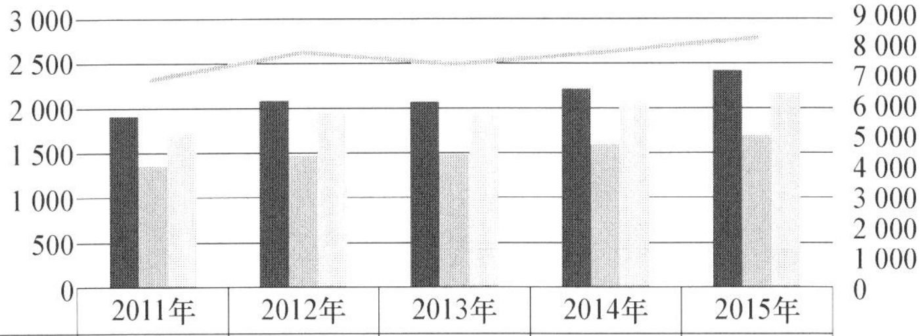


| | 2011年 | 2012年 | 2013年 | 2014年 | 2015年 |
|---|---|---|---|---|---|
| 北京 | 1 912 | 2 083 | 2 072 | 2 223 | 2 425 |
| 天津 | 1 354 | 1 469 | 1 474 | 1 598 | 1 697 |
| 河北 | 1 739 | 1 935 | 1 937 | 2 105 | 2 200 |
| 全国 | 69 719 | 78 852 | 74 896 | 79 092 | 83 844 |

**图 10-3　京津冀及全国地区仪器设备原价情况（万元）**

北京是我国的政治、文化、科技中心，面向社会尤其是中小微企业提供技术研发、分析认证、检验检测、技术转移等服务，2014 年实现服务合同额 21 亿元，提高了科技资源的利用率。北京市大型先进、精密仪器设备拥有量在全国遥遥领先，积极探索促进首都科技资源开放共享的新思路、新机制，与 25 家拥有丰富科研仪器设备资源的中央单位和市属单位共建首都科技条件平台。

首都科技条件平台引导了 676 家国家和北京市级的重点实验室（工程技术研究中心）、价值 190 亿元、3.9 万台（套）的科研仪器设备面向社会开放共享，对外开放的设备是 2008 年入网仪器数量的 9 倍。同样，天津市也不断加快大型仪器开放共享，认定包括中央驻津院所、大学和市属科研机构在内的服务机构 70 家，对外开放 695 台（套）大型科学仪器，是 2005 年首批入网仪器数量的 6 倍。河北省截至 2014 年对外开放共享的 30 万元以上大型仪器设备达到 2 388 台（套），仪器原值 17.48 亿元，是 2008 年的 7 倍（表 10-1）。

**表 10-1　　京津冀地区大型仪器设备共享**

| | 北京 | 天津 | 河北 |
|---|---|---|---|
| 2008 年 | 4 676 | 115 | 345 |
| 2014 年 | 38 400 | 695 | 2 388 |
| 增长 | 9 倍 | 6 倍 | 7 倍 |

资料来源：《京津冀科技资源共享的障碍及对策》，作者：姜云生，等。

## 二、信息资源共享

从图 10-4 可以看到，京津冀三区域图书藏量的变化。京津冀三省市都将文化产业视为新兴产业来培育，文化产业也逐渐形成一定规模。高校信息资源在区域经济建设中的作用日益凸显，如洛杉矶一旧金山区域，正因为拥有斯坦福和加州理工学院核心的高科技资源和人才，所以才成就了好莱坞和硅谷等世界知名科技和文化产业。2011 年北京的藏书量为 1 912 万本，截至 2015 年年底增至 2 425 万本，涨幅 26.8%，同期天津的藏书量为 1 697 万本，河北省拥有 2 200 万本藏书，横向比较，在图书资源方面，北京比较有优势。北京图书信息资源近年来一直保持上涨趋势，截至 2012 年，北京市公共图书馆有 25 所，另外，教育类型的高校及科研院所 179 所、博物馆 165 所，显而易见，北京市图书馆数量较多，文化资源较为丰富。天津市一直以来优先发展教育事业，在科技信息和教育方面取得较大进步。截至 2015 年，图书藏量总数相较于 2011 年上涨 25.3%，截至 2012 年年底，天津拥有公共图书馆 31 所、文化馆 18 所。河北省近年来在群众文化和出版发行等方面有很大提高，2015 年图书馆藏书总量高于天津，仅次于北京，说明河北省越来越重视文化信息资源的获取，河北省不断建设各类型的图书馆、博物馆以及文化馆，为图书信息资源的共享创造条件。

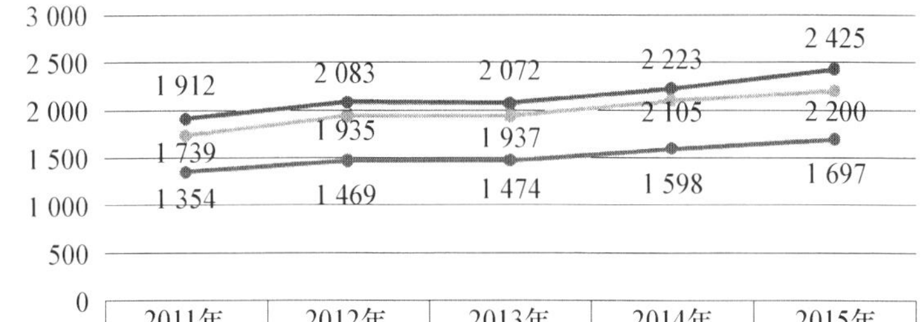


| | 2011年 | 2012年 | 2013年 | 2014年 | 2015年 |
|---|---|---|---|---|---|
| 北京 | 1 912 | 2 083 | 2 072 | 2 223 | 2 425 |
| 天津 | 1 354 | 1 469 | 1 474 | 1 598 | 1 697 |
| 河北 | 1 739 | 1 935 | 1 937 | 2 105 | 2 200 |

**图 10-4　京津冀地区图书藏量情况（万本）**

2015 年 11 月 19 日，北京、天津、河北三地公共图书馆在河北石家庄签署合作协议，成立京津冀图书馆联盟，三地民众将在共享公共文化服务资源上获得更多便利，京津冀图书馆联盟是开启京津冀图书馆开放共享、交流合作的创新之策，将实现三地图书馆综合服务能力与水平的整体提高。京津冀三地的读者将拥有统一的借阅证，通用于三地间任何一个图书馆。

## 三、人才资源共享

随着国家京津冀一体化政策的落地执行，京津冀区域人才资源的协同共享成为主要问题，人才是制约发展的主要瓶颈。在京津冀范围内，打通人才流动，切实加强人才工作合作，是京津冀三地所面临的重要任务。

现实来看，北京由于房价居高不下、生活节奏快、压力大等原因，2013 年常驻外来人口的增速为 3.7%，然而到了 2014 年，增速减缓到 2%，这大大影响了外地人才的流入；天津通过走应届毕业生通道或拥有高学历的外地人直接可以通过引进的方式落户，这一政策对于外地高校毕业生、科研人员等优秀人才的流入具有不可忽视的重要作用；河北省出台相关政策，对国家“千人计划”专家等高层次领军人才给予经费补贴、发放安家费等，使这些高级科技人才可以没有后顾之忧地专心科研，从而带动区域的创新发展，提高区域创新能力。随着京津冀协同发展的推进，这会使京津冀地区劳动力流动进入活跃期。

截至 2016 年，京津冀人才资源共享取得了诸多进展。比如，京津冀联合举办人才招聘会，112 家重点用人单位参加，提供岗位超过 500 个，现场达成就业意向的超过 1 946 人次；三地（北京通州、天津武清、河北廊坊）推动的“通武廊人才一体化发展示范区”在天津武清区正式启动，率先实行京津冀人才互认的原则，该示范区建设标志着三地人才战略合作的进一步深化，是三地交流合作的建设项目工程。

# 第十一章　创新合作指数

京津冀协同发展是国家发展的重大战略，推进京津冀区域创新合作是实现京津冀一体化的必然选择。本章从两个方面对京津冀的创新合作情况进行分析说明，一方面是区域间创新成果的交流共享，另一方面是区域间行业内的流动以及京津冀间的项目研发合作。我们用区域创新合作来反映区域间在创新方面的互动交流程度。

## 第一节　创新成果合作交流

科技成果的跨区域转移、转化是京津冀科技资源流动的一种重要方式，但是从技术交易的数据来看，北京的技术资源流向天津、河北的比例不高。2012 年，河北、天津吸纳北京技术合同成交额分别为 58.1 亿元和 19.9 亿元，占北京输出外省市技术合同总额的比例为 4.2％和 1.4％。2013 年，天津市吸纳北京技术成交额上升至38.8亿元，同比上年增加95%，而河北却下降为32.4亿元，同年河北天津的技术吸收额占北京技术输出总额的2.0%、2.4%。截止到2014年，河北省和天津市对北京市技术成果的吸收成交总额为36.6亿元和47.6亿元，虽然较上一年有不同程度的增长，但是在北京输出外省市技术合同总额中所占的比例却是最低的一年，仅占1.17%、1.39%。从这些数据中可以看出，河北和天津并没有因为地理位置的优势而从北京承接更多的技术转移，其承接能力逐年下降，这一点在河北天津占北京输出外省市技术合同总额比例中可以看到。

尽管如此，近些年京津冀协同创新建设力度不断加大。今年，河北省积极对接北京天津，着力构建京津冀协同创新共同体，截至目前，河北省先后与京津签署合作协议539个，引进和转化科技项目550项，吸引1 300家京津高新技术企业落户。河北融入京津的脚步越来越快，截至2016年10月，从京津承接和引进的项目总计3 644个，资金总额高达3 327.9亿元，与2015年同期相比，两项指标分别增加了0.6%和21.1%，创历史新高，见证了河北省贯彻落实京津冀协同发展国家战略，主动对接、融入京津新进展、新成效。

## 第二节　行业区域流动

在第一篇的分析中，已经了解到京津冀三地间发展的严重不协调。从产业结构看，北京的第三产业比重高达77.9%，而第二产业仅为21.3%，很明显是第三产业支撑型。天津市第二、第三产业占比均为49%，较为均衡。河北省第二产业占比达51.05%，第三产业为37.23%。北京已进入后工业化阶段，天津处于工业化阶段，而河北处于工业化阶段中期。再看人均GDP，2014年，北京市、天津市人均GDP均超1.6万美元，而河北省仅有6 500余美元。

基于京津冀区域发展的现状，推进京津冀一体化的核心任务是承接北京非首都功能疏解和京津产业转移。京津冀间企业结构差异较大，北京市一部分劳动密集型、资源密集型产业向天津、河北转移，河北、天津承接了北京转移的大部分制造业行业。

2014年，北京搭建产业疏解合作平台30个，推进产业疏解项目53个；中关村企业在天津、河北累计设立分支机构1 532个。同时，天津、河北积极推进三地承接协作。天津加快推进未来科技城、京津产业新城等 12 个承接平台建设，全年引进北京项目 538 个；河北从京津引进资金 3 757 亿元，占引进省外资金总量的 51%。天津市相关负责人介绍，从 1 月到 9 月，北京的企业在津投资的工业项目 130 亿个，协议 190 亿元，河北省企业在津投资工业项目 349 个，协议投资金额 307 亿元，天津的企业在河北省投资的工业项目 675 个，协议投资金额 300 亿元。

## 第三节　项目研发合作

京津冀间的项目研发合作金额在一定程度上也可以反映出京津冀区域的协同合作情况。2015 年 11 月，在石家庄举办的京津冀企业对接开幕式上，现场共有 51 个重点合作项目签约，总投资额约 2 900 亿元，开幕式后，总计促成 150 多个项目的合作，总投资达 4 500 亿元。同月，第二届京津冀协同创新共同体高峰论坛，由京津冀三地相关机构联合举办，当场签署项目合作协议 16 项。

2016 年 5 月，京津冀商务部门推动的 26 个合作项目签约，京冀项目 14 个，京津项目 4 个，津冀项目 5 个，京津冀项目3个。截至2016年11月，在北京中关村，京津冀11个合作项目正式签约，投资额达到244.1亿元，同时，由石家庄市，正定县以及中关村发展集团等多方出资建设的石家庄中关村协同发展有限公司也正式宣布成立。中关村与正定紧密合作，推动五个重大项目落地，总投资额达136亿元。河北省近三年来积极响应国家号召，努力推动京津冀一体化进程，截至2016年年底，省会城市石家庄市共引进京津协同发展各类项目253项，总投资4 019.7亿元。合作事项70个，协同发展工作稳步有序开展，成效明显。这些数据无一不在告诉我们京津冀一体化的发展已经有了质的飞跃。

# 第十二章　区域一体化总指数

目前，京津冀协同一体化已经上升成为国家发展的重大战略，开启了京津冀一体化发展的新篇章。京津冀交通一体化是京津冀协同发展率先突破的重要领域，发展意义重大。京津冀一体化对北京、天津、河北同样都是兼具机会和挑战，有困难也有收益。京津冀应积极抓住这一历史机遇，加快推进京津冀一体化发展。京津冀区域一体化是多方面的一体化，包括交通一体化、经济一体化和社会一体化等，本研究主要从以上三个方面对京津冀区域的协同一体化进行分析。

## 第一节　交通空间一体化指数

古代就有“兵马未动、粮草先行”之谋略先例。古人很久以前就懂得要做成一件大事，就一定把“补给”“战略物资”等放在计划实施之前执行。今有“区域合作，交通先行”，交通就好比古代的粮草，区域产业合作就好比是行军打仗，两者异曲同工。

交通一体化主要表现在两个方面，即交通基础设施和交通运输服务。因此，交通一体化指数的构建也应当从这两个角度出发，通过选取合适的指标来量化衡量区域一体化发展中交通一体化情况。

## 一、交通基础设施一体化指数

交通基础设施一体化主要反映两地（三地）目前所拥有交通基础设施的总量、质量、道路衔接以及建设维护等方面。其中，总量可以通过道路总里程来反映，但为剔除市域面积，应当以路网密度来反映两地基础设施拥有总量的情况。道路质量则可以通过道路技术等级来反映，通过计算二级以上公路占公路总里程的比重可以很好地反映当地公路建设质量。

除此之外，是否取消收费站和是否实行道路共同建设和共同维护都是基础设施一体化推进情况的环节。

京津冀区域是我国交通网络最密集、最发达的地区之一，已经具备公路、水路、铁路和民航等多种运输方式。为京津冀区域交通空间一体化发展奠定了基础。

从地理位置上来说，两个相互接壤的地区之间是靠公路、铁路等联系起来的。公（铁）路网密度反映了区域一体化发展的各地区在公路建设上的差距。两地之间的公路网密度越是接近，就越能更好地服务于两地之间的人流与物流。公（铁）路长度反了区域内所拥有的公（铁）路里程长度。公（铁）路的里程越长，其服务人和资源的调动能力就越强。

京津冀地区是我国交通网络最为密集，硬件基础设施最好的地区之一，加之重视交通基础设施建设，目前已经形成较为完善的区域交通网络。

京津冀地区铁路网密度是全国的 3.4 倍，公路网密度、高速公路密度分别为全国的 2.16、3.23 倍（图 12-1 至图 12-3）。

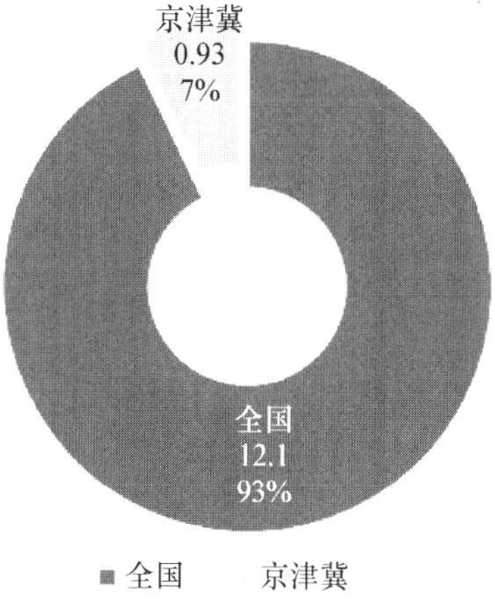


**图 12-1　2015 年京津冀铁路里程（万公里）**

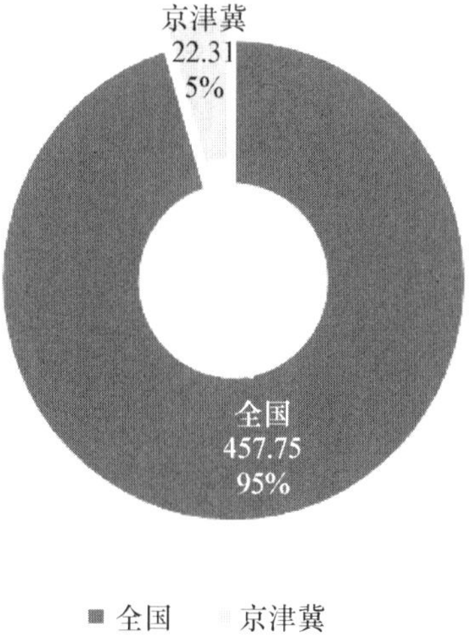


**图 12-2 2015 年京津冀公路里程（万公里）**

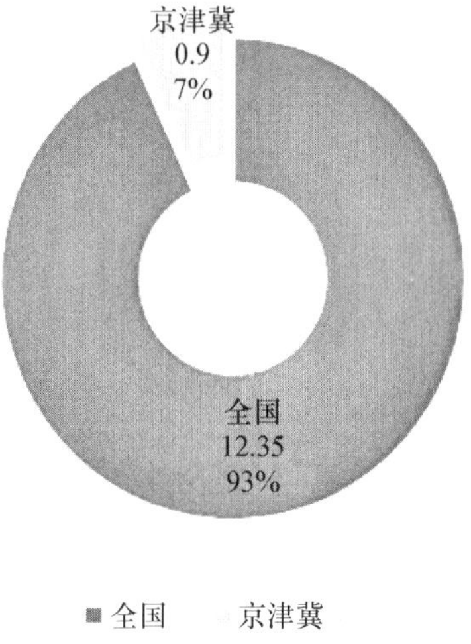


**图 12-3 2015 年京津冀公路营业里程（万公里）**

2015 年京津冀地区机场吞吐量占全国的 13%（图 12-4、图 12-5）。

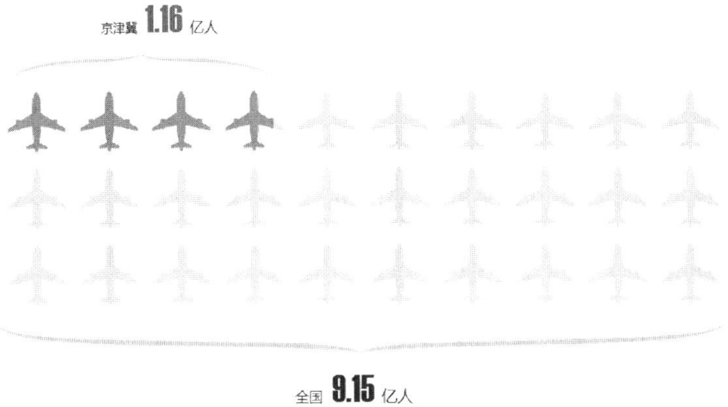


**图 12-4　2015 年京津冀地区机场吞吐量（亿人）**

数据来源：京津冀数据库。

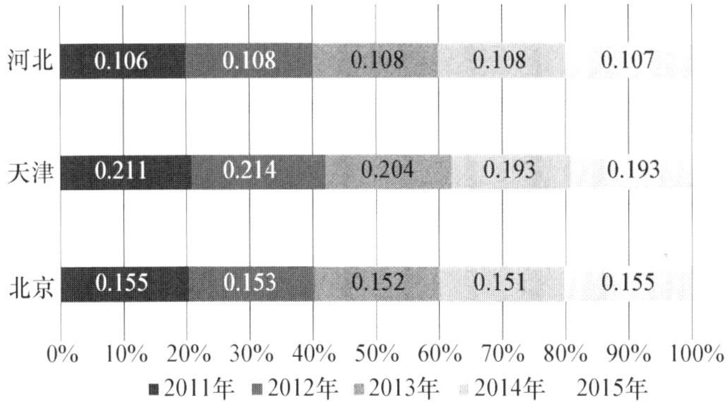


**图 12-5　京津冀二级以上公路占公路总里程的比重**

## 二、交通一体化规划、布局

除现有交通设施，京津冀地区还编制了《京津冀协同发展交通一体化规划》（以下简称《规划》）已经完成。《规划》指出，京津冀交通一体化工作将在交通重点项目、区域运输、交通信息化、法规标准的对接和区域执法联动等四方面逐步推进。

按照《规划》的有关内容，高速公路覆盖所有县城，形成京津石中心城区与新城、卫星城之间的“1 小时”通勤圈，京津保唐“1 小时交通圈”，相邻城市间基本实现 1.5 小时通达。建成北京、天津、石家庄、唐山、秦皇岛 5 个全国性综合交通枢纽。不同运输方式之间换乘时间不超过 10 分钟。推动不同运输方式之间客运联程联运、主要城市之间实现交通“一卡通”。农村客运班车实现定线定点、全线定时。

总体而言，京津冀“四纵四横”一环格局已经确定，这对京津冀进行各方面合作和加速一体化进程都具有重要提升作用（表 12-1、图 12-6）。

**表 12-1　　京津冀地区“四纵四横”战略交通布局表**

| 通道名称 | | 主要连接城市 | 交通功能定位描述 |
|---|---|---|---|
| 四纵 | 沿海通道 | 连接秦皇岛、唐山、天津（滨海新区）、沧州等四个沿海港口城市 | （1）重要港口集疏运通道<br>（2）环渤海城镇和临港产业发展依托 |
| | 京沪通道 | 连接北京、廊坊、天津和沧州 | （1）京津同城化发展主轴<br>（2）北京重要出海通道 |
| | 京九通道 | 连接北京、北京新机场、廊坊、衡水 | （1）京津冀沟通华中、华南交通动脉 |
| | 京承—京广通道 | 纵贯京津冀，连接承德、北京、保定、石家庄、邢台、邯郸 | （1）京津冀沟通东北、华中及远地交通动脉 |

续表

| 通道名称 | | 主要连接城市 | 交通功能定位描述 |
|---|---|---|---|
| 四横 | 秦承张通道 | 连接秦皇岛、承德、张家口等京津冀地区北部城市 | (1) 我国西北地区重要出海通道 |
| | 京秦—京张通道 | 连接秦皇岛、唐山、北京、张家口 | (1) 京津冀和西北、东北地区交通动脉 |
| | 津保通道 | 连接天津（滨海新区）、霸州、保定 | (1) 京津冀中南部地区重要通道<br>(2) 天津港重要疏港通道 |
| | 石沧通道 | 连接石家庄、衡水、沧州(黄骅) | (1) 沟通京沪、京九、京广三大通道<br>(2) 黄骅港重要疏港通道 |
| 一环 | 首都地区环线通道 | 连通环北京的承德、廊坊、固安、涿州、张家口、崇礼、丰宁等节点城市 | (1) 缓解北京过境交通压力 |

资料来源：作者整理得到。

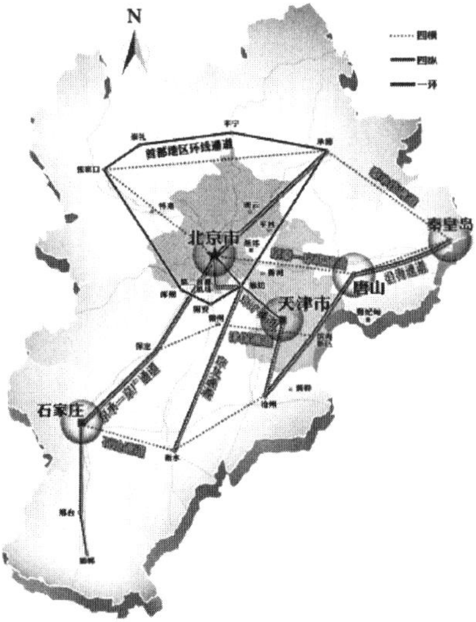


**图 12-6　京津冀“四纵四横”战略交通布局图**

## 第二节　经济空间一体化指数

京津冀地区经济空间的一体化是重点关注的领域，本节把经济空间一体化细分为市场一体化与产业一体化两个方面。

### 一、市场一体化指数

按照传统的经济学理论，市场一体化又可以分为消费品市场一体化与生产品市场一体化。对应的指标是价格指数比值和城镇居民可支配收入间比值两个。

从图 12-7 中可以看出近几年的京津冀地区的消费价格指数。京津冀地区的消费价格指数均高于全国平均水平，并且整体上呈逐渐降低的趋势。北京的消费价格指数在 2013 年达到最高，为 103.3，2014 年最低，为 101.6，2015 年为 101.8。天津市 2013 年达到最高，为 103.1，2014 年最低，为 101.9，均高于全国平均水平，河北省最高达 103，最低是 2015 年的 100.9，低于全国的平均水平 101.4。

图 12-8 是反映京津冀地区全国生产品市场一体化的城

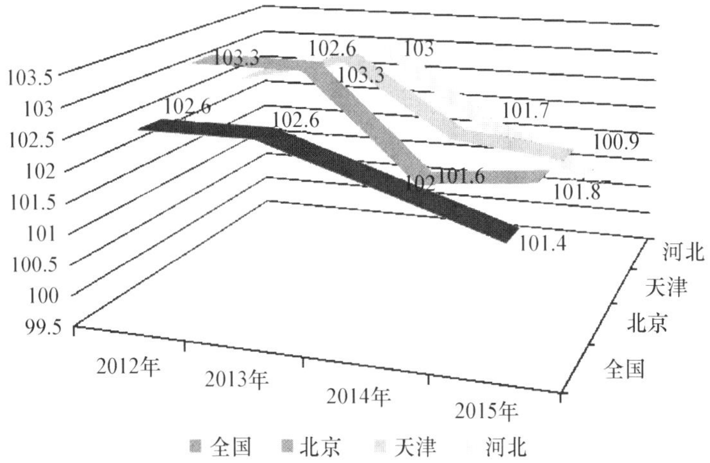


**图 12-7　京津冀及全国地区价格指数**

镇居民可支配收入之间的比值。京津冀地区的城镇居民可支配收入呈现越来越高的趋势，2015 年达到最高城镇人均可支配收入 97 867.5 元，约是全国人均水平的 4.5 倍。可见京津冀地区整体市场一体化程度处于很高水平。

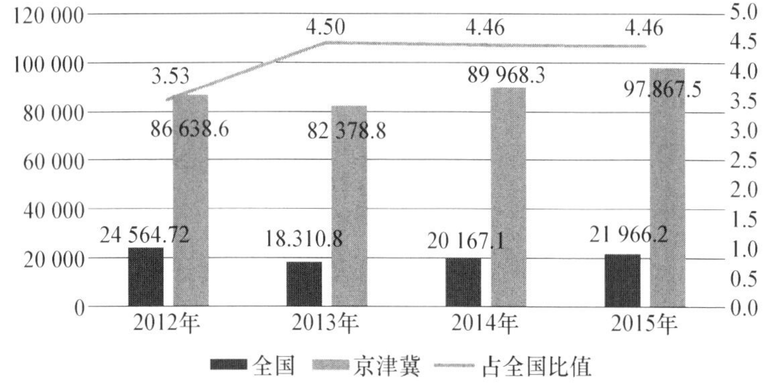


**图 12-8　京津冀与全国城镇居民可支配收入情况对比**

## 二、产业一体化指数

产业一体化是一个宏观问题，深入探讨的话，不仅领域众多而且数据分析量大大增加，最关键的是还模糊了整体性。考虑到各产业的当年生产总值之和就是一个地区的地区生产总值，所以，此处选择两地的 GDP 增长率的相关系数来表示产业一体化程度。理论上讲，两地一体化程度越高，GDP 增长率之间的相关性也越高。

2015 年，京津冀地区中，北京市实现 GDP 生产总值 23 014.59 亿元，增长率为 6.9%；天津市实现 GDP 生产总值16 538.19亿元，增长率为 9.3%；河北省实现 GDP 生产总值29 806.11亿元，增长率为 6.8%。因此，但从数据上来看，北京市同河北省之间的产业一体化程度高于天津同北京市、天津市同河北省（图 12-9）。

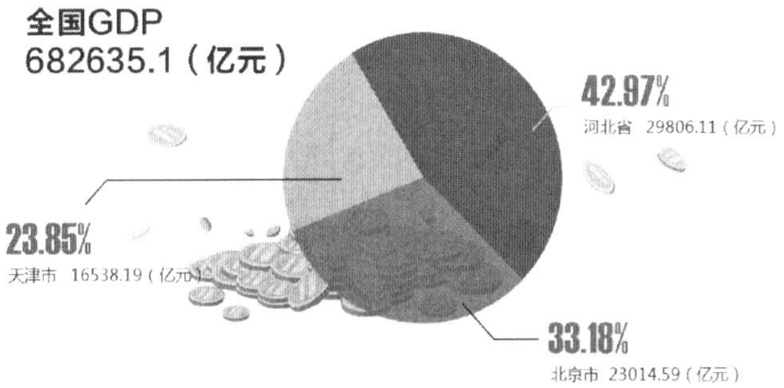


图 12-9　2015 年京津冀 GDP 总值

## 第三节　社会空间一体化指数

京津冀地区社会空间的一体化，具体来讲，指的是社会公共服务的一体化。主要包括教育、医疗和就业一体化三个领域。

### 一、教育一体化指数

影响区域教育一体化程度的因素有很多，以下主要选择两个重要变量，即中级及以上学校数量之比和各级学校每个专任教师负责学生数量之比，作为衡量京津冀区域教育一体化程度指标。其中，中级及以上学校数量代表的是教育服务的数量，而各级学校专任教师负责学生数量则代表了教育服务的质量。

2015 年，全国共有 71 687 所中级及以上学校，而同期京津冀地区有 5 175 所中级及以上学校，占全国的 7%（图 12-10）；其中，北京市拥有中级及以上学校 830 所，约占京津冀地区的 16%。天津市则拥有 643 所中级及以上学校，约占京津冀的 12%，而河北省是京津冀地区拥有学校数量最多的，共 3 702 所，占京津冀地区的 72%，是北京市的 4.5 倍，是天津市的 5.8 倍。

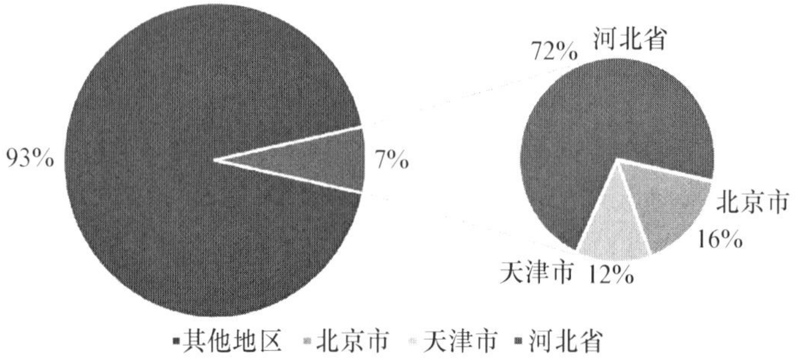


**图 12-10　京津冀地区中级及以上学校数量之比**

从图 12-11 可以看出，河北省的每专任教师负责的学生人数最多达到 14.64 人，同期北京市每专任教师负

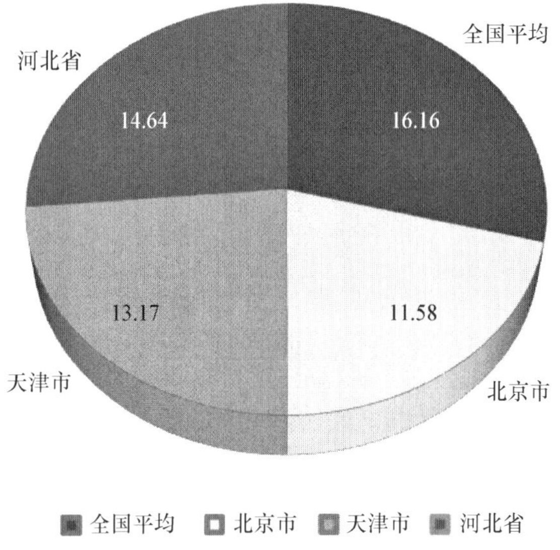


**图 12-11　2015 年京津冀地区与全国中级及以上学校每专任教师负责学生之比**

责学生为 11.58 人，天津市为 13.17 人，京津冀地区均低于全国水平。

## 二、医疗一体化指数

区域医疗一体化的程度，可以从很多方面体现出来，以下主要从医疗卫生基础设施数量和医疗卫生人力资源数量两个指标来对医疗一体化程度进行衡量。如果区域的上述指标比值越是接近，表示该地区的区域一体化程度越高。这两个指标在一定程度上代表了医疗卫生服务的质量。

从图 12-12 中可以看出京津冀地区基础设施数量和医疗人力资源的比值情况。京津冀地区每千人拥有医疗机构的床位数非常接近，平均为 4.6 床，与全国平均水平基本保持一致。京津冀地区的医疗卫生人员则差距比较大，北京市每千人拥有的卫生人员数量达到 10.4 人，河北省最少，只有 5 位卫生人员，低于全国的平均水平 5.8 人。但京津冀地区的平均水平为 7.1 人，高于全国水平。

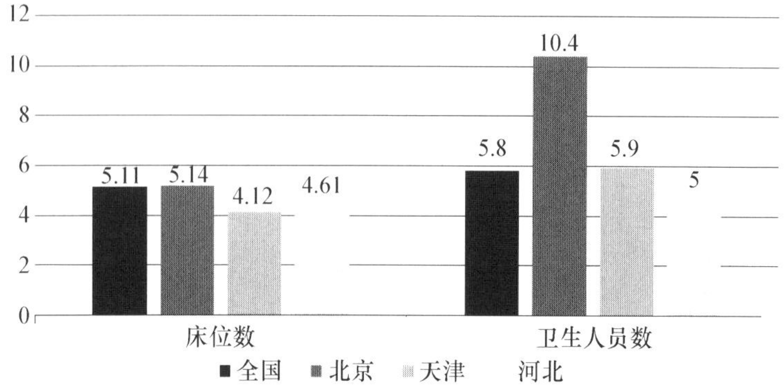


**图 12-12　2015 年京津冀每千人医疗机构床位数和卫生人员数**

## 三、就业一体化指数

由于就业一体化在数据方面对应指标较少，京津冀地区在就业一体化方面还处于积极探索阶段，未来将继续探索三地贯通的就业公共服务，打破现有的户籍划分模式。

目前，根据京津冀协同发展的产业布局和调整要求，北京市部分企业将逐步向外迁移。一部分职工可能会随之到外地工作定居，但这部分人群的户籍还倾向于留在北京。在以户籍人口制定促进就业政策的格局下，人户异地分离的问题必然会制约促进就业方面的工作开展。京津冀在就业一体化建设方面还存在不少需要解决的困难。

# 第十三章　创新极共生效应指数

共生效应是共生单元由于共生关系的存在而产生的相互影响的因果现象，共生效应涉及共生单元、共生关系和影响结果三个要素。创新极共生效应可以从产业内部和产业间两个层面上理解。

## 第一节　创新极内部共生效应指数

### 一、创新极识别和确定

本书采用集对分析测算以评价指标值和标准值为集对的联系数、同异反态势和偏联系数，来综合反映京津冀地区创新极的创新态势。创新极创新态势指数是区域创新系统的测评核心，以下从产业盈利水平、产业创新水平和产业规模水平三个方面对创新极技术创新能力进行描述展示。

（1）产业盈利水平是创新极技术创新产生的实际效益，用平均每家企业获得利润表示，以万元/家为单位：

$$\text{规模以上企业平均利润}=\frac{\text{企业利润总额}}{\text{企业个数}}$$

（2）产业创新水平，采用R&D人员人均R&D经费投入表示，以万元/人年为单位：

$$\text{R\&D人员人均R\&D经费投入}=\frac{\text{R\&D经费内部支出}}{\text{R\&D人员折合全时当量}}$$

（3）产业规模水平，采用主营业务收入表示，以亿元为单位。

表13-1是国民经济行业分类总计41个行业，但是考虑到2015年京津冀地区有个别的数据丢失，三地综合放到一起，取三地共同拥有的完整数据，共计有30个完整数据系列。

**表13-1　　　　国民经济行业名称及编号**

| 编号 | 行业名称 |
|---|---|
| 1 | 煤炭开采和洗选业 |
| 2 | 石油和天然气开采业 |
| 3 | 黑色金属矿采选业 |
| 4 | 有色金属矿采选业 |
| 5 | 非金属矿采选业 |

续表

| 编号 | 行业名称 |
| --- | --- |
| 6 | 开采辅助活动 |
| 7 | 其他采矿业 |
| 8 | 农副食品加工业 |
| 9 | 食品制造业 |
| 10 | 酒、饮料和精制茶制造业 |
| 11 | 烟草制品业 |
| 12 | 纺织业 |
| 13 | 纺织服装、服饰业 |
| 14 | 皮革、毛皮、羽毛及其制品和制鞋业 |
| 15 | 木材加工及木、竹、藤、棕、草制品业 |
| 16 | 家具制造业 |
| 17 | 造纸和纸制品业 |
| 18 | 印刷和记录媒介复制业 |
| 19 | 文教、工美、体育和娱乐用品制造业 |
| 20 | 石油加工、炼焦及核燃料加工业 |
| 21 | 化学原料及化学制品制造业 |
| 22 | 医药制造业 |
| 23 | 化学纤维制造业 |
| 24 | 橡胶和塑料制品业 |
| 25 | 非金属矿物制品业 |
| 26 | 黑色金属冶炼及压延加工业 |
| 27 | 有色金属冶炼及压延加工业 |
| 28 | 金属制品业 |
| 29 | 通用设备制造业 |
| 30 | 专用设备制造业 |
| 31 | 汽车制造业 |
| 32 | 铁路、船舶、航空航天和其他运输设备制造业 |
| 33 | 电气机械及器材制造业 |
| 34 | 计算机、通信及其他电子设备制造业 |
| 35 | 仪器仪表制造业 |
| 36 | 其他制造业 |
| 37 | 废气资源综合利用业 |

续表

| 编号 | 行业名称 |
|---|---|
| 38 | 金属制品、机械和设备修理业 |
| 39 | 电力、热力的生产和供应业 |
| 40 | 燃气生产和供应业 |
| 41 | 水的生产和供应业 |

本书引用熵值法对每个地区30个产业的权重进行计算，按权重再计算出各地区各产业的综合得分，选取各地区综合得分排名前五的产业为京津冀各地区的创新极。因为熵值法不作为本书的主要方法内容，故不做详细论述。具体计算过程参见本章结尾介绍。

通过对30个产业进行创新极识别后的结果如表13-2所示。

**表13-2　　京津冀地区各创新极识别结果**

| 地区 | 创新极名称（五个） |
|---|---|
| 北京 | 电力、热力的生产和供应业；汽车制造业；计算机、通信及其他电子设备制造业；铁路、船舶、航空航天和其他运输设备制造业；废气资源综合利用业 |
| 天津 | 黑色金属冶炼及压延加工业；石油加工、炼焦及核燃料加工业；食品制造业；汽车制造业；计算机、通信及其他电子设备制造业 |
| 河北 | 电力、热力的生产和供应业；黑色金属冶炼及压延加工业；木材加工及木、竹、藤、棕、草制品业；化学原料及化学制品制造业；非金属矿物制品业 |

## 二、创新极创新态势指数

对创新极创新能力评价指标等级评定如表 13-3 所示。

**表 13-3 创新极创新能力评价指标及其评价等级标准**

| 评价指标等级标准 | S6 | S5 | S4 | S3 | S2 | S1 | 权重 $w_m$ ($m=1, 2, 3$) |
|---|---|---|---|---|---|---|---|
| 产业盈利水平 $X_1$（万元/个） | 1 | 2 000 | 5 000 | 10 000 | 50 000 | 80 000 | 0.35 |
| 产业创新水平 $X_2$（万元/人） | 1 | 10 | 30 | 60 | 100 | 200 | 0.35 |
| 产业规模水平 $X_3$（亿元） | 1 | 100 | 1 000 | 2 000 | 5 000 | 10 000 | 0.3 |

基于集对分析（SPA）原理，本书将创新极的指标值 $X_m$（$m=1, 2, 3$）看成集合 $A_m$，把相应指标等级标准看成另一个集合 $S_k$（$k=1, 2, 3, \cdots, 6$），则 $A_m$ 和 $S_k$ 可构成一个集对 $H(A_m, S_k)$①。

根据 SPA 原理，可用 $K$ 元联系数 $\mu_m$ 描述集对 $H(A_m, S_k)$的关系，即：

$$\mu_m=a_m+b_{m,1}i_1+b_{m,2}i_2+b_{m,3}i_3+b_{m,4}i_4+c_mj \tag{13.1}$$

① 魏玉静. 区域创新极共生效应测度方法与实证研究［D］. 河北工业大学，2015.

$$\mu_{总}=\begin{pmatrix}0.35\\0.35\\0.3\end{pmatrix}^{T}\begin{pmatrix}a_1 & b_{1,1} & b_{1,2} & b_{1,3} & b_{1,4} & c_1\\a_2 & b_{2,1} & b_{2,2} & b_{2,3} & b_{2,4} & c_2\\a_3 & b_{3,1} & b_{3,2} & b_{3,3} & b_{3,4} & c_3\end{pmatrix}\begin{pmatrix}1\\i_1\\i_2\\i_3\\i_4\\j\end{pmatrix} \tag{13.2}$$

联系数值：

$$\mu_{总}=a+b_1i_1+b_2i_2+b_3i_3+b_4i_4+c_j \tag{13.3}$$

偏联系数值：

$$\begin{aligned}\partial\mu_{总}=&\frac{a}{a+b_1}+\left(\frac{b_1}{a+b_1}+\frac{b_1}{b_1+b_2}\right)i_1\\&+\left(\frac{b_2}{b_1+b_2}+\frac{b_2}{b_2+b_3}\right)i_2\\&+\left(\frac{b_3}{b_2+b_3}+\frac{b_3}{b_3+b_4}\right)i_3\\&+\left(\frac{b_4}{b_3+b_4}+\frac{b_4}{b_4+c}\right)i_4+\frac{c}{b_4+c}j\end{aligned} \tag{13.4}$$

当 $j=-1$ 时，$i$ 在［－1，1］之间取值，根据“均值原则”，划分为五等份，内部 4 个分界点，即 0.6，0.2，－0.2，－0.6 分别为 $i_1$，$i_2$，$i_3$，$i_4$ 的取值。

最后，按上文方法代入数据计算得出京津冀三地区各创新极联系数值和偏联系数值如表 13-4 和表 13-5 所示。整体来看，在京津冀地区各自的创新极中，创新极创新态势各有不同。

北京市创新态势最优的是汽车制造业，创新态势最差的是废气资源综合利用业；天津市创新态势最优的是黑色金属冶炼及压延加工业，创新态势最差的是计算机、通信及其他电子设备制造业；河北省创新态势最优的是电力、热力的生产和供应业，创新态势最差的是木材加工及木、竹、藤、棕、草制品业。

**表 13-4　　京津冀地区各创新极联系数值**

| 地区 | 行业名称 | $a$ | $b_1$ | $b_2$ | $b_3$ | $b_4$ | $c$ | 联系数值 |
|---|---|---|---|---|---|---|---|---|
| 北京 | 电力、热力的生产和供应业 | 0.351 | 0.215 | 0.093 | 0.247 | 0.114 | 0.000 | 0.029 |
| | 汽车制造业 | 0.044 | 0.775 | 0.181 | 0.000 | 0.000 | 0.000 | 0.501 |
| | 计算机、通信及其他电子设备制造业 | 0.044 | 0.540 | 0.416 | 0.000 | 0.000 | 0.000 | 0.407 |
| | 铁路、船舶、航空航天和其他运输设备制造业 | 0.000 | 0.052 | 0.454 | 0.494 | 0.000 | 0.000 | 0.023 |
| | 废气资源综合利用业 | 0.115 | 0.239 | 0.000 | 0.000 | 0.069 | 0.581 | −0.479 |

续表

| 地区 | 行业名称 | $a$ | $b_1$ | $b_2$ | $b_3$ | $b_4$ | $c$ | 联系数值 |
|---|---|---|---|---|---|---|---|---|
| 天津 | 黑色金属冶炼及压延加工业 | 0.000 | 0.372 | 0.352 | 0.276 | 0.000 | 0.000 | 0.238 |
| | 石油加工、炼焦及核燃料加工业 | 0.000 | 0.095 | 0.647 | 0.259 | 0.000 | 0.000 | 0.134 |
| | 食品制造业 | 0.000 | 0.144 | 0.556 | 0.090 | 0.210 | 0.000 | 0.054 |
| | 汽车制造业 | 0.000 | 0.035 | 0.546 | 0.419 | 0.000 | 0.000 | 0.047 |
| | 计算机、通信及其他电子设备制造业 | 0.000 | 0.059 | 0.370 | 0.571 | 0.000 | 0.000 | −0.005 |
| 河北 | 电力、热力的生产和供应业 | 0.000 | 0.330 | 0.464 | 0.206 | 0.000 | 0.000 | 0.250 |
| | 黑色金属冶炼及压延加工业 | 0.300 | 0.242 | 0.469 | 0.000 | 0.000 | 0.000 | 0.239 |
| | 木材加工及木、竹、藤、棕、草制品业 | 0.350 | 0.000 | 0.000 | 0.055 | 0.311 | 0.284 | −0.481 |
| | 化学原料及化学制品制造业 | 0.000 | 0.075 | 0.628 | 0.297 | 0.000 | 0.000 | 0.111 |
| | 非金属矿物制品业 | 0.000 | 0.045 | 0.578 | 0.306 | 0.071 | 0.000 | 0.039 |

**表 13-5　京津冀地区各创新极偏联系数值**

| 地区 | 行业名称 | $\frac{a}{a+b_1}$ | $\frac{b_1}{b_1+b_2}+\frac{b_1}{a+b_1}$ | $\frac{b_2}{b_1+b_2}+\frac{b_2}{b_2+b_3}$ | $\frac{b_3}{b_3+b_4}+\frac{b_2}{b_2+b_3}$ | $\frac{b_4}{b_3+b_4}+\frac{b_4}{b_4+c}$ | $\frac{c}{b_4+c}$ | 偏联系数值 |
|---|---|---|---|---|---|---|---|---|
| 北京 | 电力、热力的生产和供应业 | 0.625 | 1.075 | 0.573 | 1.413 | 1.314 | 0.000 | 0.313 |
| | 汽车制造业 | 0.054 | 1.757 | 1.189 | 0.000 | 0.000 | 0.000 | 1.346 |
| | 计算机、通信及其他电子设备制造业 | 0.075 | 1.490 | 1.435 | 0.000 | 0.000 | 0.000 | 1.256 |
| | 铁路、船舶、航空航天和其他运输设备制造业 | 0.000 | 1.103 | 1.376 | 1.521 | 0.000 | 0.000 | 0.633 |
| | 废气资源综合利用业 | 0.325 | 1.675 | 0.000 | 0.000 | 1.106 | 0.894 | −0.228 |
| 天津 | 黑色金属冶炼及压延加工业 | 0.000 | 1.514 | 1.047 | 1.439 | 0.000 | 0.000 | 0.830 |
| | 石油加工、炼焦及核燃料加工业 | 0.000 | 1.123 | 1.586 | 1.286 | 0.000 | 0.000 | 0.737 |
| | 食品制造业 | 0.000 | 1.205 | 1.655 | 0.439 | 1.700 | 0.000 | −0.053 |
| | 汽车制造业 | 0.000 | 1.060 | 1.506 | 1.434 | 0.000 | 0.000 | 0.650 |
| | 计算机、通信及其他电子设备制造业 | 0.000 | 1.133 | 1.256 | 1.607 | 0.000 | 0.000 | 0.612 |
| 河北 | 电力、热力的生产和供应业 | 0.000 | 1.415 | 1.277 | 1.307 | 0.000 | 0.000 | 0.843 |
| | 黑色金属冶炼及压延加工业 | 0.554 | 0.787 | 1.660 | 0.000 | 0.000 | 0.000 | 1.358 |
| | 木材加工及木、竹、藤、棕、草制品业 | 1.000 | 0.000 | 0.000 | 1.150 | 1.372 | 0.477 | −0.531 |
| | 化学原料及化学制品制造业 | 0.000 | 1.107 | 1.572 | 1.321 | 0.000 | 0.000 | 0.714 |
| | 非金属矿物制品业 | 0.625 | 1.075 | 0.573 | 1.413 | 1.314 | 0.000 | 0.015 |

将创新极联系数的区间范围［－1，1］进行划分并设定等级如表13-6所示。把上述计算出的联系数值结果与表13-6相对应，可得出创新极联系数的高低等级。

**表13-6　　　　　　联系数评定等级**

| 联系数范围 | 等级划分 |
| --- | --- |
| ［－1，－0.67］ | 很低 |
| ［－0.67，－0.33］ | 低 |
| ［－0.33，0］ | 较低 |
| ［0，0.33］ | 较高 |
| ［0.33，0.67］ | 高 |
| ［0.67，1］ | 很高 |

京津冀三地区的各个创新极的联系数等级、同异反态势和发展趋势结果如表13-7所示。

**表13-7　　　　京津冀地区各创新极创新态势**

| 地区 | 创新极名称 | 联系数等级 | 同异反态势 | 发展趋势 |
| --- | --- | --- | --- | --- |
| 北京 | 电力、热力的生产和供应业 | 较高 | 微同势 | 正向 |
| | 汽车制造业 | 高 | 微同势 | 正向 |
| | 计算机、通信及其他电子设备制造业 | 高 | 微同势 | 正向 |
| | 铁路、船舶、航空航天和其他运输设备制造业 | 较高 | 微同势 | 正向 |
| | 废气资源综合利用业 | 低 | 准反势 | 负向 |
| 天津 | 黑色金属冶炼及压延加工业 | 较高 | 弱均势 | 正向 |
| | 石油加工、炼焦及核燃料加工业 | 较高 | 弱均势 | 正向 |
| | 食品制造业 | 较高 | 弱均势 | 正向 |
| | 汽车制造业 | 较高 | 弱均势 | 正向 |
| | 计算机、通信及其他电子设备制造业 | 较低 | 弱均势 | 正向 |

续表

| 地区 | 创新极名称 | 联系数等级 | 同异反态势 | 发展趋势 |
|---|---|---|---|---|
| 河北 | 电力、热力的生产和供应业 | 较高 | 弱均势 | 正向 |
| | 黑色金属冶炼及压延加工业 | 较高 | 微同势 | 正向 |
| | 木材加工及木、竹、藤、棕、草制品业 | 低 | 微同势 | 正向 |
| | 化学原料及化学制品制造业 | 较高 | 弱均势 | 正向 |
| | 非金属矿物制品业 | 较高 | 弱均势 | 正向 |

通过表 13-7 可以看出，在北京、天津和河北三个地区共计 15 个创新极中共存在以下创新态势情况：

1. 北京市创新极态势情况

(1)（较高，微同势，正向）和（高，微同势，正向）。

它表示创新极创新能力较一般强，有进一步正向发展的趋势，依据属于此类情况的创新极联系数值的大小排序，汽车制造业＞计算机、通信及其他电子设备制造业＞电力、热力的生产和供应业＞铁路、船舶、航空航天和其他运输设备制造业。

(2)（低，准反势，负向）。

它表示的是两个集合的联系以对立趋势为主，北京市废气资源利用业发展趋势为负。这符合当前北京市对非首都功能进行疏解的大趋势、大环境，也是京津冀协同工作中的一个重要指导思想。

2. 天津市创新极态势情况

（较高，弱均势，正向）和（较低，弱均势，正向）。

天津市的五个创新极均为加工和制造业，其中加工业两个，它们是黑色金属冶炼及压延加工业和石油加工、炼焦及核燃料加工业，制造业有三个，它们是食品制造业，汽车制造业和计算机、通信及其他电子设备制造业。

3. 河北省创新极态势情况

（1）（较高，弱均势，正向）。

它表示的是技术创新能力一般强，同时有正向的发展趋势。包括电力、热力的生产和供应业，化学原料及化学制品制造业和非金属矿物制品业共计三个产业。

（2）（较高，微同势，正向）和（低，微同势，正向）。

包括黑色金属冶炼及压延加工业和木材加工及木、竹、藤、棕、草制品业两个产业。

综上可以看出，无论在创新态势最好还是最差的创新极中，基本都集中在了制造业、加工业和供应业，而采矿业则在京津冀地区的创新极中都没有出现。创新极创新态势最好的是汽车制造业，黑色金属冶炼及压延加工业和电力、热力的生产和供应业。

## 第二节　创新极间共生效应指数

产业间会由于产业链的连续性质和产业链连接所带来的价值增值性质，而相互作用和影响。京津冀地区可以看作一个区域系统，是由多个创新极共生演化而成的共生体，它会产生带动一定地区创新能力增强和经济繁荣的共生效应。

### 一、技术态势差指数

创新极技术态势差反映出了两个创新极之间技术溢出效率。为衡量该指标，本节将创新极的联系数 $\mu=a+b_1i_1+b_2i_2+b_3i_3+b_4i_4+c_j$ 中的同一度 $a$，差异度 $b$ 和对立度 $c$ 做向量化处理，即有 $\bar{M}=(a, b, c)$，其中 $b=b_1+b_2+b_3+b_4$。则 $i$ 创新极和 $j$ 创新极在三维空间中的距离 $\Delta J_{ij}$，可由式子（13.1）进行计算。

$$
\begin{aligned}
\Delta J_{ij} &= |M_iM_j| = |(a_i-a_j, b_i-b_j, c_i-c_j)| \\
&= \sqrt{(a_i-a_j)^2+(b_i-b_j)^2+(c_i-c_j)^2} \quad (13.5)
\end{aligned}
$$

本报告称 $\Delta J_{ij}$ 为产业技术态势差，它表示的含义是两个创新极在同一度、差异度和对力度上的一个整体差异，反映了两个创新极在创新能力上的区别，分别对京津冀每个地区 $n$ 个创新极之间及技术态势差做测算，就得到了关于创新极技术态势差矩阵，其结果是一个 $n \times n$ 阶的对角矩阵，表示的是 $n$ 个创新极中的任意两个创新极之间的技术溢出效果。

**表 13-8　京津冀创新极联系数向量化 $\bar{M}_m = (a, b, c)$**

| 地区 | 创新极创新态势 | $a$ | $b=(b_1+b_2+b_3+b_4)$ | $c$ |
|---|---|---|---|---|
| 北京 | 电力、热力的生产和供应业 | 0.351 | 0.669 | 0 |
| | 汽车制造业 | 0.044 | 0.956 | 0 |
| | 计算机、通信及其他电子设备制造业 | 0.044 | 0.956 | 0 |
| | 铁路、船舶、航空航天和其他运输设备制造业 | 0 | 1 | 0 |
| | 废气资源综合利用业 | 0.115 | 0.308 | 0.581 |
| 天津 | 黑色金属冶炼及压延加工业 | 0 | 1 | 0 |
| | 石油加工、炼焦及核燃料加工业 | 0 | 1.001 | 0 |
| | 食品制造业 | 0 | 1 | 0 |
| | 汽车制造业 | 0 | 1 | 0 |
| | 计算机、通信及其他电子设备制造业 | 0 | 1 | 0 |
| 河北 | 电力、热力的生产和供应业 | 0 | 1 | 0 |
| | 黑色金属冶炼及压延加工业 | 0.3 | 0.711 | 0 |
| | 木材加工及木、竹、藤、棕、草制品业 | 0.35 | 0.366 | 0.284 |
| | 化学原料及化学制品制造业 | 0 | 1 | 0 |
| | 非金属矿物制品业 | 0 | 1 | 0 |

京津冀地区创新极态势差矩阵计算结果如表 13-9 至

表 13-11 所示。

**表 13-9　　北京市创新极态势差矩阵**

| | N1 | N2 | N3 | N4 | N5 |
|---|---|---|---|---|---|
| N1 | 0.000 | 0.420 | 0.420 | 0.482 | 0.724 |
| N2 | 0.420 | 0.000 | 0.062 | 0.873 | 0.062 |
| N3 | 0.420 | 0.062 | 0.000 | 0.062 | 0.873 |
| N4 | 0.482 | 0.873 | 0.062 | 0.000 | 0.911 |
| N5 | 0.724 | 0.062 | 0.873 | 0.911 | 0.000 |

注：N1 电力、热力的生产和供应业；N2 汽车制造业；N3 计算机、通信及其他电子设备制造业；N4 铁路、船舶、航空航天和其他运输设备制造业；N5 废气资源综合利用业。

**表 13-10　　天津市创新极态势差矩阵**

| | N1 | N2 | N3 | N4 | N5 |
|---|---|---|---|---|---|
| N1 | 0.000 | 0.001 | 0.000 | 0.000 | 0.000 |
| N2 | 0.001 | 0.000 | 0.001 | 0.001 | 0.001 |
| N3 | 0.000 | 0.001 | 0.000 | 0.000 | 0.000 |
| N4 | 0.000 | 0.001 | 0.000 | 0.000 | 0.000 |
| N5 | 0.000 | 0.001 | 0.000 | 0.000 | 0.000 |

注：N1 黑色金属冶炼及压延加工业；N2 石油加工、炼焦及核燃料加工业；N3 食品制造业；N4 汽车制造业；N5 计算机、通信及其他电子设备制造业。

**表 13-11　　河北创新极态势差矩阵**

| | N1 | N2 | N3 | N4 | N5 |
|---|---|---|---|---|---|
| N1 | 0.000 | 0.417 | 0.778 | 0.000 | 0.000 |
| N2 | 0.417 | 0.000 | 0.417 | 0.417 | 0.417 |
| N3 | 0.778 | 0.417 | 0.000 | 0.778 | 0.788 |
| N4 | 0.000 | 0.417 | 0.778 | 0.000 | 0.000 |
| N5 | 0.000 | 0.417 | 0.778 | 0.000 | 0.000 |

注：N1 电力、热力的生产和供应业；N2 黑色金属冶炼及压延加工业；N3 木材加工及木、竹、藤、棕、草制品业；N4 化学原料及化学制品制造业；N5 非金属矿物制品业。

## 二、共生效应指数

本报告以各创新极偏联系数值含义定义了产业技术溢出效率因子，构建了多创新极共生效应指数，式子（13.2）用来反映整个京津冀区域中的创新效果。

$$\Delta J^{i}=\sqrt{\Delta_{ii}^{2}+\Delta_{ik}^{2}+\Delta_{in}^{2}} \tag{13.2}$$

$\Delta J_{ii}^{i}=0$，$k\cdots n$ 表示其余创新极，$\Delta J^{i}$ 表示出了 $i$ 创新极在空间中的相对位置，它是创新极在整个区域创新系统中的对其他创新极产生的技术溢出效率的总和。

本报告引入产业技术溢出效率因子 $\lambda^{i}$，定义创新极创新姿态优度 $\Delta J^{i}$ 与 $\lambda^{i}$ 的乘积为区域多创新极共生效应指数 $J$。如公式（13.3）所示：

$$J=\sum_{i}^{n}\lambda^{i}\Delta J^{i} \tag{13.3}$$

产业技术溢出效率因子 $\lambda^{i}$ 取创新极的偏联系数含义值，有以下几种情形。

（1）创新极的偏联系数＞0，此时创新极具有正向发展趋势，则取 $\lambda^{i}=1$；

（2）创新极的偏联系数<0，此时创新极具有负向发展趋势，则取 $\lambda^i=-1$；

（3）创新极的偏联系数=0，此时创新极处于临界状态，则取 $\lambda^i=0$。

综上所述，共生效应指数 $J$ 考虑进了各创新极的发展趋势，它动态地体现出了整个区域创新系统的创新效果。

从表 13-12 中可以看到，北京市的五个创新极中创新姿态优度整体溢出效率较好，基本都大于 1。其中，废气资源综合利用业发展趋势为负向，其余都是正向。北京市多创新极共生效应指数为 2.895。

**表 13-12　　北京市多创新极共生效应指数**

| 编号 | 创新极 | $\Delta J^i$ | $\lambda^i$ | $J=\sum_i^n \lambda^i \Delta J^i$ |
|---|---|---|---|---|
| 1 | 电力、热力的生产和供应业 | 1.053 | 1 | 2.895 |
| 2 | 汽车制造业 | 0.973 | 1 | |
| 3 | 计算机、通信及其他电子设备制造业 | 0.973 | 1 | |
| 4 | 铁路、船舶、航空航天和其他运输设备制造业 | 1.352 | 1 | |
| 5 | 废气资源综合利用业 | 1.456 | −1 | |

从表 13-13 中可以看到，天津市的五个创新极中创新姿态优度整体溢出效率并不好，仅有 0.004，略大于 0。其中食品制造业发展趋势为负向，其余都是正向。

**表 13-13　　天津市多创新极共生效应指数**

| 编号 | 创新极 | $\Delta J^i$ | $\lambda^i$ | $J=\sum_i^n \lambda^i \Delta J^i$ |
|---|---|---|---|---|
| 1 | 黑色金属冶炼及压延加工业 | 0.001 | 1 | 0.004 |
| 2 | 石油加工、炼焦及核燃料加工业 | 0.002 | 1 | |
| 3 | 食品制造业 | 0.001 | −1 | |
| 4 | 汽车制造业 | 0.001 | 1 | |
| 5 | 计算机、通信及其他电子设备制造业 | 0.001 | 1 | |

从表 13-14 中可以看到，河北的五个创新极中创新姿态优度整体溢出效率很好。在识别出的五个创新极中，电力、热力的生产和供应业、黑色金属冶炼及压延加工业、化学原料及化学制品制造业、非金属矿物制品业四个创新极都有不错的溢出效率，仅木材加工及木、竹、藤、棕、草制品业发展趋势为负向。河北多创新极共生效应指数为 2.081，整体优于天津，弱于北京。

**表 13-14　　河北省多创新极共生效应指数**

| 编号 | 创新极 | $\Delta J^i$ | $\lambda^i$ | $J=\sum_i^n \lambda^i \Delta J^i$ |
|---|---|---|---|---|
| 1 | 电力、热力的生产和供应业 | 0.883 | 1 | 2.081 |
| 2 | 黑色金属冶炼及压延加工业 | 0.834 | 1 | |
| 3 | 木材加工及木、竹、藤、棕、草制品业 | 1.411 | −1 | |
| 4 | 化学原料及化学制品制造业 | 0.883 | 1 | |
| 5 | 非金属矿物制品业 | 0.892 | 1 | |

## 三、创新极集聚状态

创新极技术态势差矩阵反映出了任意两个创新极之间的技术溢出效率，本报告引入多维标度法对技术态势差矩阵做处理，以反映所有创新极在技术溢出效率上的集聚状态。本报告选择维度 $r=2$，则采用多维标度测度模型可描绘出表示创新极之间欧式距离的二维图，利用 SPSS 21 软件对上表中 5×5 创新极技术态势差矩阵进行处理，可以依次可得到二维压力指标检验图（图 13-1）和二维欧式空间下的聚类图（图 13-2）。

Iteration history for the 2 dimensional solution (in squared distances)
Young's S-stress formula 1 is used.

| Iteration | S-stress | Improvement |
|---|---|---|
| 1 | .01373 | |
| 2 | .01304 | .00069 |

Iterations stopped because
S-stress improvement is less than .001000
Stress abd squared correlation (RSQ) in distances
RSQ values are the proportion of variance of the scaled data (disparities)
in the partition (row, matris, or entire data) which
is accounted for by their corresponding distances.
Stress values are Kruskal's stress formula 1.
For matrix
Stress = .01090 RSQ= .99919

**图 13-1　二维压力指标检验图**

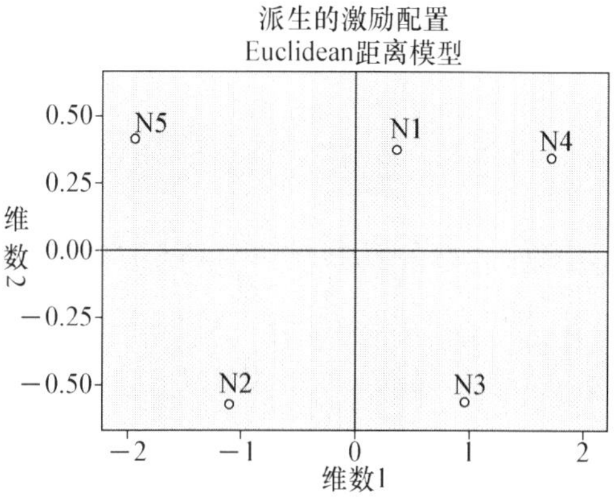


**图 13-2　北京市创新极二维欧式空间聚类图**

从图 13-1 可以看出，Young 式指标为 0.013，小于 0.05，K 氏压力指标 0.010，RSQ 为 0.999，显示拟合效果很好。

同理，可以做出天津市和河北省的创新极二维欧式空间聚类图，如图 13-3 和 13-4 所示。

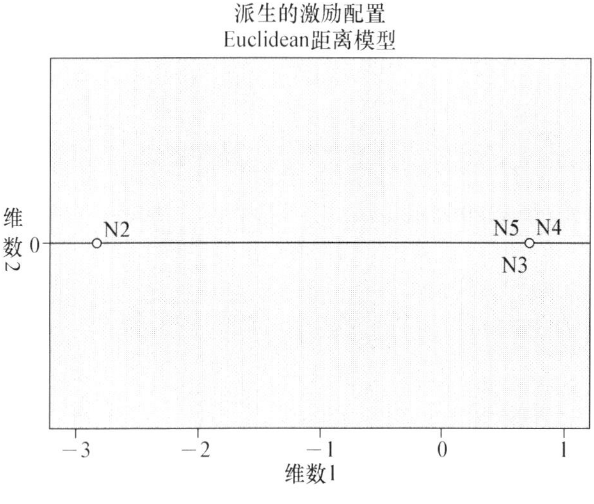


**图 13-3　天津市创新极二维欧式空间聚类图**

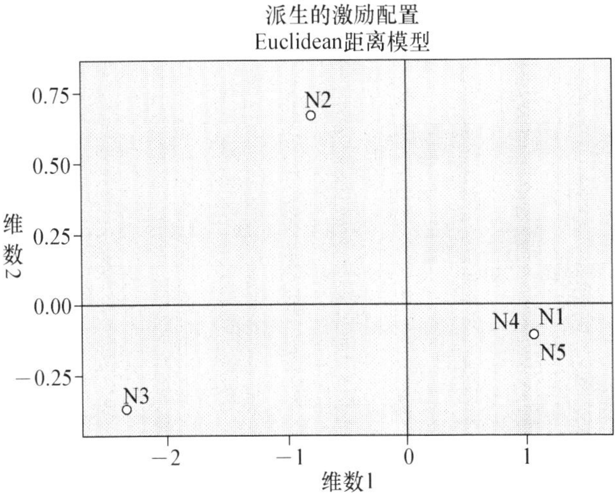


**图 13-4 河北创新极二维欧式空间聚类图**

# 第十四章　产业合作

## 第一节　第一产业合作

京津地区人多地少，土地和劳动力等要素价格较高，而河北农业资源丰富，劳动力价格低廉，特色农业基础和条件较好。因此，京津两地已开始向观光和休闲型都市现代农业转型。现阶段三地合作模式为“政府推动下的农业企业、基地与科研机构”的合作模式，是基于比较优势进行的产业链分工。

从表 14-1 中可以看到京津冀地区农业基础强弱等差异。农业在河北省一直有着很好的基础，这个坚实的基础主要包括：产值规模、农业机械总动力、有效灌溉面积和乡村从业人员。

在 2015 年河北省农业产值达到 3 441.3 亿元，农业机械总动力达 11 102.8 万千瓦，有效灌溉面积 4 447.9

千公顷。各项数据值都远远大于北京和天津产值之和，且稳中有升，继续保持着巨大区域比较优势。

**表 14-1　2011—2015 年京津冀地区农业基本情况对比表**

| 地区 | | 2011 年 | 2012 年 | 2013 年 | 2014 年 | 2015 年 |
|---|---|---|---|---|---|---|
| 农业总产值（亿元） | 北京 | 163.4 | 166.3 | 170.4 | 155.1 | 154.5 |
| | 天津 | 179.87 | 196.0 | 217.2 | 230.7 | 238.0 |
| | 河北 | 2 775.3 | 3 095.3 | 3 473.3 | 3 453.4 | 3 441.3 |
| 农业机械总动力（万千瓦） | 北京 | 265.2 | 241.1 | 207.7 | 195.8 | 186.1 |
| | 天津 | 583.9 | 568.1 | 554.2 | 552.3 | 546.9 |
| | 河北 | 10 349.2 | 10 553.8 | 10 762.7 | 10 942.9 | 11 102.8 |
| 有效灌溉面积（千公顷） | 北京 | 163.1 | 159.2 | 154.4 | 158.3 | 137.3 |
| | 天津 | 338.0 | 337.0 | 308.9 | 308.9 | 308.8 |
| | 河北 | 4 596.6 | 4 603.1 | 4 349.0 | 4 404.2 | 4 447.9 |
| 乡村从业人员（万人） | 北京 | 338.3 | 341.7 | 353.5 | 357.0 | — |
| | 天津 | 182.9 | 181.9 | 183.6 | 185.8 | — |
| | 河北 | 3 003.8 | 3 023.3 | 3 039.2 | 3 055.9 | — |

数据来源：国家统计局网站、《北京统计年鉴》《天津统计年鉴》《河北统计年鉴》。

基于区域比较优势，京津冀地区农业合作和模式可以简单表述为图 14-1 的形式。

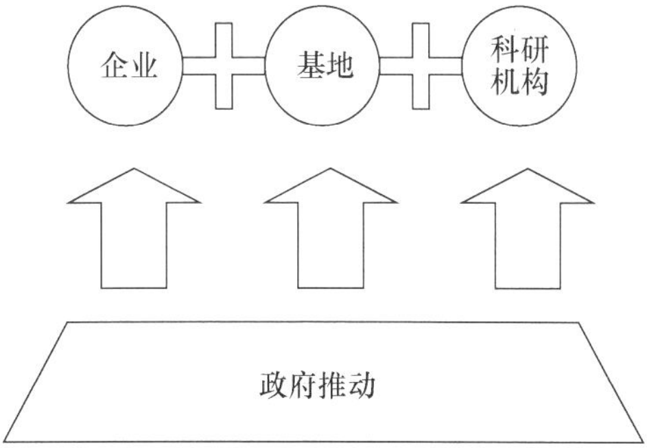


**图 14-1　京津冀地区农业合作模式图**

河北省已经成为京津的“农产品供应基地”。北京和天津的一些食品、饮料企业在河北省建立原材料生产基地，并出现以科技为纽带的区域合作新形式。

总体来说，京津冀地区的农业合作主要是围绕着河北省作为北京和天津的“菜篮子”和“米袋子”工程进行的。虽然合作比较活跃，但是质量却不是很高，由于河北省在这个过程中所获得的利润较低，这在一定程度上抑制了河北省参与的积极性。

## 第二节　第二产业合作

受区域功能定位调整、要素成本升高等因素的影响，京津冀区域第二产业合作以“产业梯度转移、跨行政区产业链分工以及产业配套”等为主要形式产业转移主要发生在京津与河北之间，部分高端功能从天津和河北迁入北京，生产制造功能留在河北。部分企业出于成本考虑主动迁入河北，也有部分企业是因为京津城市功能升级而被迫迁出。

产业链分工主要表现为企业根据地区特点将不同功能布置于京津冀不同城市，产业配套形式是河北围绕京津的汽车和电子信息产业发展的零部件跨行政区的供应配套。第二产业所涉及的重点合作产业有：钢铁产业、建材工业、医药制造业、石油加工与化学工业、电子信息产业。

## 一、医药制造业

### （一）医药制造业特点及链条

医药制造业具有“高技术、高风险、高投入、高回报”的“四高”特点。高技术指医药制造业是一个多学科先进技术和手段高度融合的高科技产业群体；高风险指从实验室研究到新药上市是一个漫长的历程，任何一个环节的出错都有可能导致灾难性的后果，大量的资金、人员、设备的浪费，造成巨大的损失；高投入指医药产品早期研究和生产过程，以及最终产品上市的市场开发，都需资本的高投入；高回报指医药实行专利保护制度，药品研究开发企业在专利期内享有市场独占权。由于研究开发巨额投入，制药公司一旦获得新药上市批准，其新产品的高昂售价将为其获得高额利润回报。

医药制造业完整产业链图谱如图 14-2 所示。

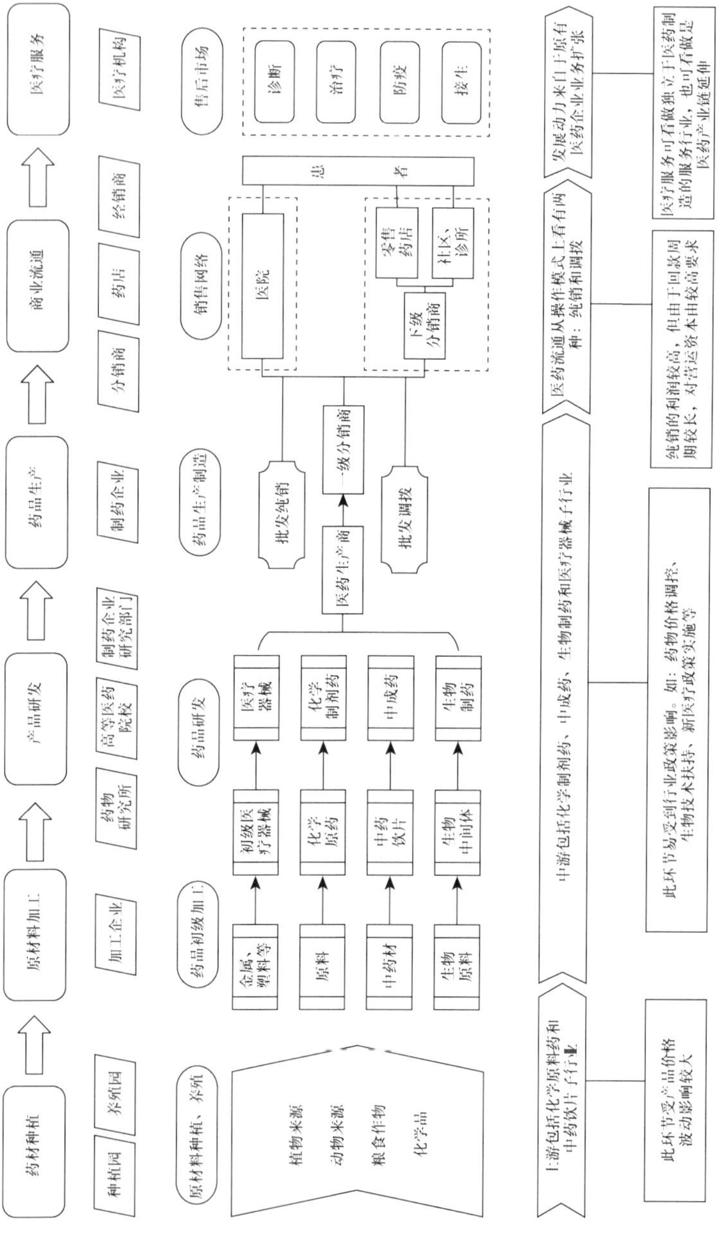


**图14-2　医药制造业产业链构成图**

资料来源：作者整理得到。

整个医药制造业产业链包括：原材料获得、加工、研发、生产、流通和服务关键流程环节。医药制造业原料来源主要有：动植物和化学原料。由企业负责进行初步加工，制成医药产品的初级产品；再由研究机构等加以研发，企业进行生产，最终产品基本分为：中成药、化学药、生物药，还有医疗器械四个类别。医药制成品在销售上主要有批发纯销和批发调拨两种形式。经过商业流通，最后到达消费者手里。完整的医药产业链，除上述流程外，还包括后续医疗服务，主要有诊断、治疗、防疫、接生等内容。

（二）京津冀医药制造产业发展现状

目前，北京、天津、河北均把生物医药确定为产业发展的重点，但是与国内外同行相比，京津冀生物医药产业普遍存在组织结构不合理，制药企业数量众多，但规模普遍较小，巨型生物医药企业不多，国际竞争能力弱的问题。

规模上讲，区域内医药制造业企业个数、工业总产值和利润总额最能反映出医药制造业规模。

工业总产值指的是以货币表现的工业企业在报告期内生产的工业产品总量。北京、天津和河北医药制造业在产值上以河北最多，北京次之，天津最后。从时间进程观测，北京和河北医药制造业产值增速和数据值基本能保持同步前进，而天津则有所欠缺。

利润总额指企业在生产经营过程中各种收入扣除各种耗费后的盈余，反映企业在报告期内实现的盈亏总额。北京医药制造业所实现的利润最大，利润额增速较快。2015 年达 131.88 亿元，几乎是同期天津和河北利润之和（表 14-2）。

**表 14-2　2011—2015 年京津冀地区规模以上医药制造行业基本情况对比表**

| 地区 | | 2011 年 | 2012 年 | 2013 年 | 2014 年 | 2015 年 |
|---|---|---|---|---|---|---|
| 企业单位数（个） | 北京 | 167 | 175 | 188 | 193 | 201 |
| | 天津 | 96 | 103 | 104 | 102 | 100 |
| | 河北 | 189 | 197 | 221 | 241 | 265 |
| 工业总产值（当年价）（亿元） | 北京 | 452.9 | 543.3 | 599.1 | 669.0 | 733.01 |
| | 天津 | 330.19 | 408.43 | 475.80 | 492.52 | 571.25 |
| | 河北 | 554.41 | 629.6 | 707.04 | 765.6 | 773.68 |
| 利润总额（亿元） | 北京 | 76.0 | 86.1 | 110.0 | 112.6 | 131.88 |
| | 天津 | 50.26 | 63.09 | 59.87 | 64.27 | 63.15 |
| | 河北 | 48.43 | 49.3 | 56.13 | 67.7 | 75.71 |
| 产品销售率（%） | 北京 | 92.61 | 94.21 | 98.99 | 83.78 | — |
| | 天津 | 97.1 | 96.7 | 95 | 94.6 | 89.8 |
| | 河北 | 93.64 | 93.71 | 93.78 | 92.60 | 92.42 |

数据来源：《河北经济年鉴》《北京经济年鉴》《天津经济年鉴》。

从效益上讲，本书选取了产品销售率作为参考指标，它是反映工业产品已实现销售的程度，分析工业产销衔接情况，研究工业产品满足社会需求程度的指标。从产品销售率可以十分直观地看出该产品的销售状况。北京、天津和河北三个地区产品销售率都维持在一个较高水平上，反映出本地区医药制造业行情非常利好。

## 二、钢铁产业

### （一）钢铁产业特点及链条

钢铁产业属于资金、劳动力密集型工业，也属于基础工业，它是为国民经济各部门提供原材料的重要工业部门，同时更是世界所有工业化国家的基础工业之一。钢铁产业的基本生产过程是在炼铁炉内把铁矿石炼成生铁，用生铁水炼成钢，再铸成钢锭或连铸坯，经轧钢等方法加工成各种用途的钢材的过程（图 14-3）。

通过图 14-3 可以看到，整个钢铁产业链包括：自然资源开采、钢材制造、部件制造、工业产品生产、销售和服务关键流程环节。

钢铁产业所需的自然资源主要有铁矿石（天然富矿等）、燃料（焦炭等）和溶剂（石灰石、白云石等）三大类；通过初步加工变为能应用的基础原料，经过焦化烧结、成分精炼、铸造与轧钢和特殊处理等环节完成钢材

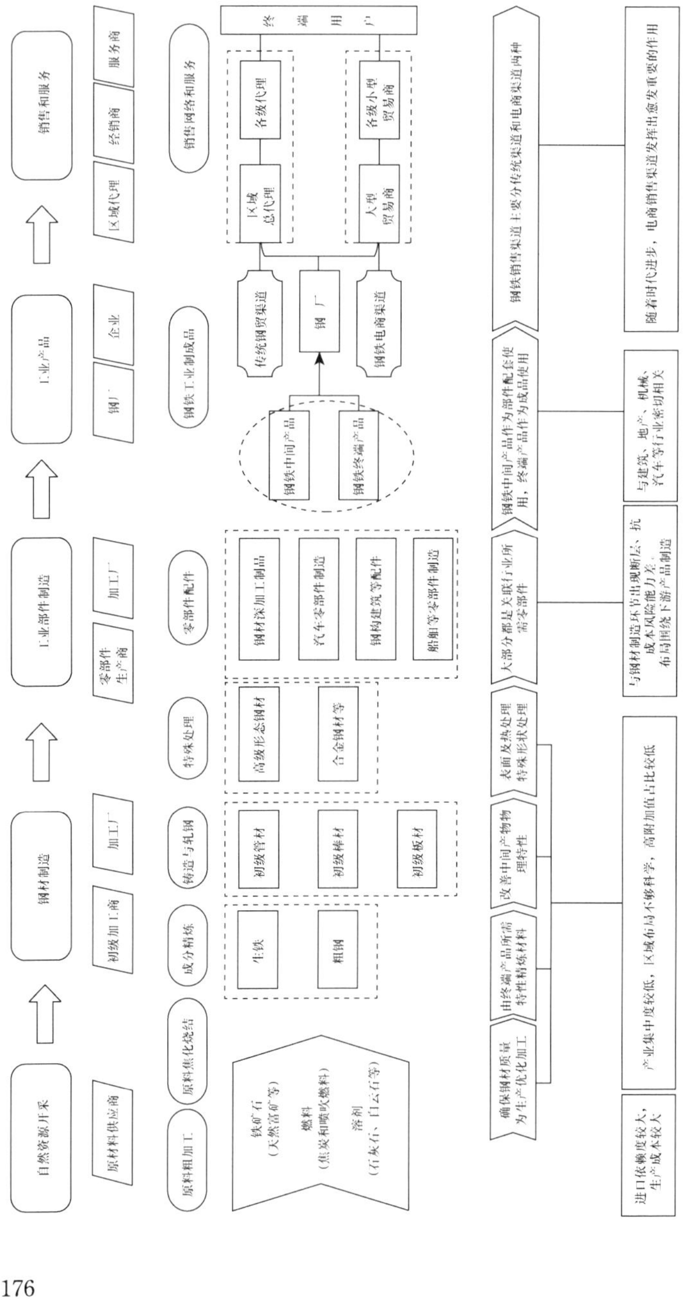


图14-3 钢铁产业链构成图

资料来源：作者整理得到。

的生产，包括高级形态钢材和合金钢材等；通过对钢材零部件组装配合等完成钢铁产品的生产，包括中间产品和最终产品；钢铁产品通过传统钢贸渠道和现代电商渠道进行销售，最后到达用户手中。

（二）京津冀钢铁产业发展现状

随着我国经济发展进入新常态，钢铁行业发展环境发生了深刻变化。2015 年，我国钢铁消费与产量双双进入峰值弧顶区并呈下降态势，钢铁主业从微利经营进入整体亏损，行业发展进入“严冬”期。同时，中央提出的推进供给侧结构性改革，国务院出台的化解钢铁过剩产能的财税金融政策也为钢铁行业彻底摆脱困境提供了历史机遇。

京津冀地区是华北乃至全国的重要钢铁生产基地，由于我国经济发展转型，尤其是国家供给侧改革等一系列政策出台，对全国的钢铁产业的发展都提出了更高的要求，钢铁产业必须实现自身结构调整，淘汰落后产能，同时加速新技术的使用以提高生产力和实现可持续发展。未来应更多地考虑生态环境的承载能力和环境保护要求。

2015 年京津冀地区粗钢产量占到全国的将近 30%，钢材生产总量达到 33 606.5 万吨。在全国钢材生产上占有举足轻重的地位。在京津冀地区河北钢材产量更是占到 75%的巨大份额，其产量为25 245.3万吨，突出其钢铁大省的特征和地位。其次是天津的8 186.2万吨，而北京仅有175万吨（图14-4）。

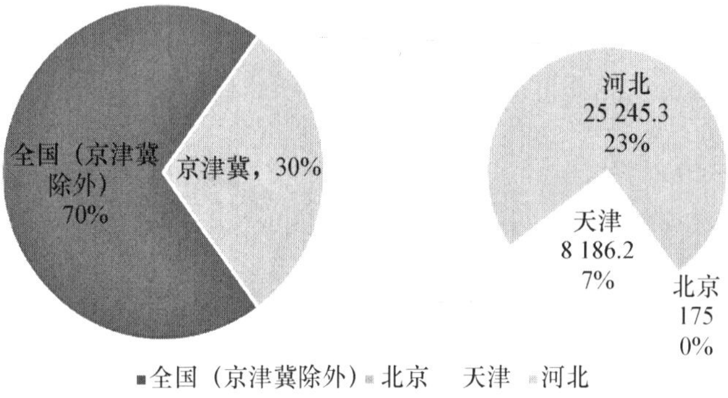


**图14-4　2015年京津冀钢材产量及在全国份额对比图（万吨）**

## 三、汽车产业

### （一）汽车产业特点及链条

汽车产业具有资金密集、技术密集、人才密集、综合性强、经济效益高的特点。世界各个工业发达国家几乎无一例外地把汽车工业作为国民经济的支柱产业。尤其是在发达国家的经济发展中，它起着重要的支柱作用。汽车的研制、生产、销售、营运，与国民经济许多部门都息息相关，对社会经济建设和科学技术发展起重要推动作用。汽车产业完整产业链图谱如图14-5所示。

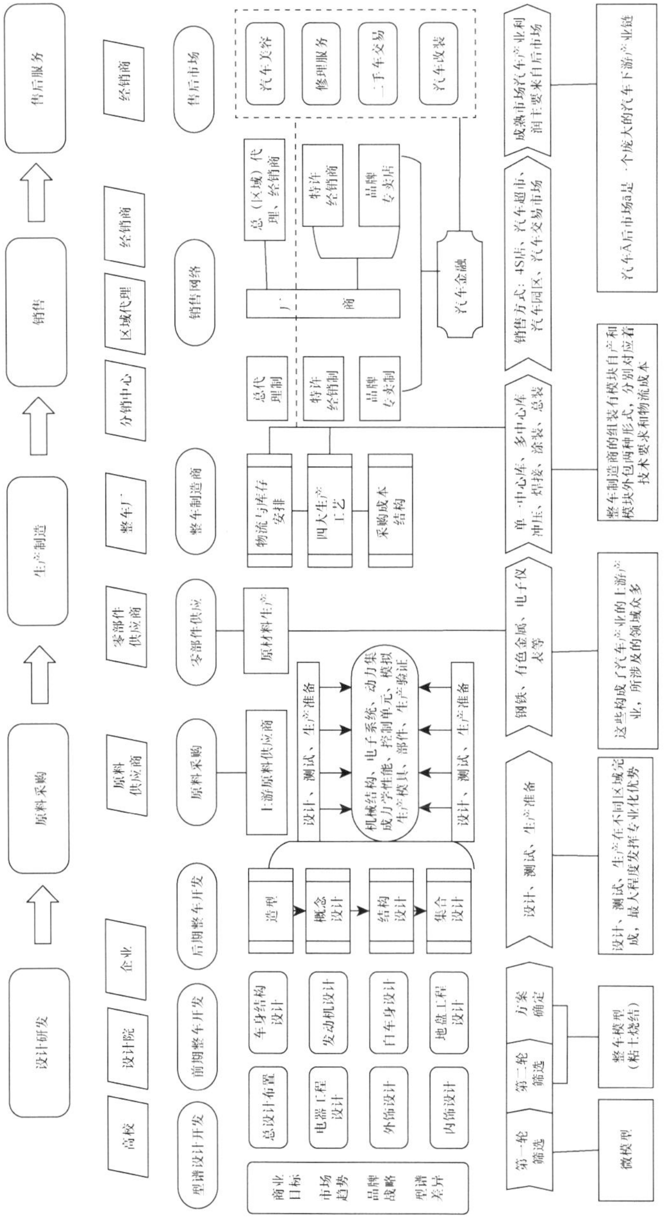


**图14-5　汽车产业链构成图**

资源来源：作者整理得到。

整个汽车产业链包括：设计研发、原料采购、生产制造、销售和售后服务几个关键流程环节。设计研发环节主要由设计院、企业和高校等研究机构承担实施，此环节主要进行型谱设计和前期、后期整车设计和开发；采购环节由供应商提供原材料，由企业对汽车各方面进行测试和批量生产前准备；企业车间对生产的部件进行组装完成整车生产，涉及生产工艺、采购成本和物流库存等诸多事宜；销售环节采取总代理制、特许经销制和品牌专利制进行汽车的销售，最后到达消费者手里；售后服务有汽车美容、修理、改装和二手车交易等内容，同样是个庞大的市场领域。

汽车产业的“后市场”是个很大的市场领域，在汽车市场成熟的国家和地区，新汽车销售收入利润极低。相反，汽车后市场利润能够占到整个汽车产业利润总额的60%之多。

（二）京津冀汽车产业发展现状

2015年上半年我国汽车制造行业规模总资产达到53 864.44亿元，较上年同期增长10.03%。行业销售收入为33 322.05亿元，较上年同期增长3.80%。2015年上半年行业利润总额为2 920.00亿元，较上年同期下降2.1%。2015年，汽车商品进出口总额1 573.72亿美元，同比下降

13.96%。其中：进口金额773.26亿美元，同比下降21.58%；出口金额800.46亿美元，同比下降5.06%（图14-6）。

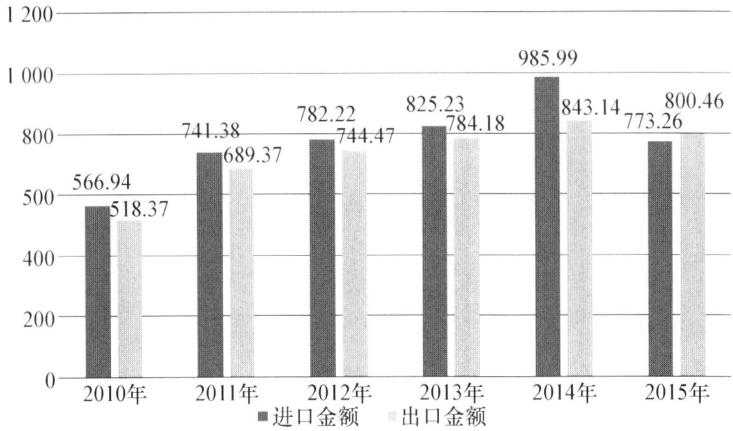


**图14-6 2010—2015年我国汽车进出口金额图（亿美元）**

资料来源：中国海关。

京津冀汽车产业在和皮卡等车型的技术领域已经比较成熟，但轿车技术才是汽车技术实力的真正体现，而目前京津冀知名的轿车品牌基本上是与外资合作的外国品牌，自主创新的技术在这方面与国际大品牌有很大差距。

2015年京津冀地区共生产汽车387.19万辆，占全国当年生产汽车份额的16%。而在京津冀内部，北京以221.19万辆产量占到京津冀地区总产量半壁江山之多（57.12%）。而河北和天津合计为166万辆，约为42.87%。

在规模上，北京以2 521.49亿元、3 269.25亿元、

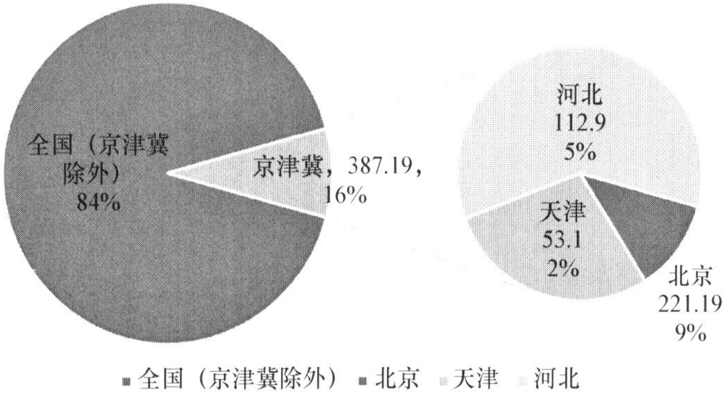


**图 14-7　2015 年京津冀汽车产量及在全国份额对比图（万辆）**

3 647.64亿元和 3 882.86 亿元一直占据榜首。天津和河北差距不大，2014 年工业总产值仅相差 20 亿元，几乎持平。在汽车产业利润方面也是如此。

在效益性上，京津冀地区汽车产业产品销售率在 2012—2015 年四年时间都维持在较高水平，有年份甚至达到 100%，这反映出京津冀汽车行业形势看好，市场需要依然没有饱和，仍有较大发展空间（表 14-3）。

**表 14-3　京津冀地区规模以上汽车制造行业基本情况对比表**

| 地区 | | 2012 年 | 2013 年 | 2014 年 | 2015 年 |
|---|---|---|---|---|---|
| 企业单位数（个） | 北京 | 209 | 216 | 237 | 232 |
| | 天津 | 279 | 290 | 302 | 322 |
| | 河北 | 402 | 441 | 494 | 538 |
| 工业总产值（当年价）（亿元） | 北京 | 2 521.49 | 3 269.25 | 3 647.64 | 3 882.86 |
| | 天津 | 1 728.84 | 1 843.15 | 1 991.73 | 2 237.68 |
| | 河北 | 1 463.1 | 1 769.93 | 1 970.1 | 2 164.22 |

续表

| 地区 | | 2012年 | 2013年 | 2014年 | 2015年 |
|---|---|---|---|---|---|
| 利润总额（亿元） | 北京 | 225.22 | 291.42 | 318.10 | 349.72 |
| | 天津 | 152.37 | 171.20 | 158.97 | 215.74 |
| | 河北 | 152.1 | 186.35 | 187.5 | 185.82 |
| 产品销售率（%） | 北京 | 100 | 99.02 | 99.84 | — |
| | 天津 | 100 | 100.1 | 99.1 | 98.4 |
| | 河北 | 99.36 | 98.49 | 99.20 | 97.92 |

数据来源：《河北经济年鉴》《北京经济年鉴》《天津经济年鉴》。

## 四、石油化工产业合作

### （一）石油化工产业特点及链条

石油化工产业具有本身内容多、外部联系多、带动性广泛等特点。它是化学工业的重要组成部分，囊括了很多生产部门，如农药行业、化肥行业、橡胶助剂行业、合成材料行业等，在我国国民经济的发展中有重要作用，是我国的支柱产业部门之一，我国石油化工行业占工业经济总量的20%。石油化工产业完整产业链图谱如图14-8所示。

整个化工产业链包括：原料采购、生产制造、中游化学品、化学成品和应用领域几个关键流程环节。化工产业所需基本原料主要有：石油、天然气和煤炭三类，石油可以进行乙烯和丙烯工程，还有裂解C4和苯工程四个主要产业链前段，天然气可以进行乙炔、氢氯酸等化工

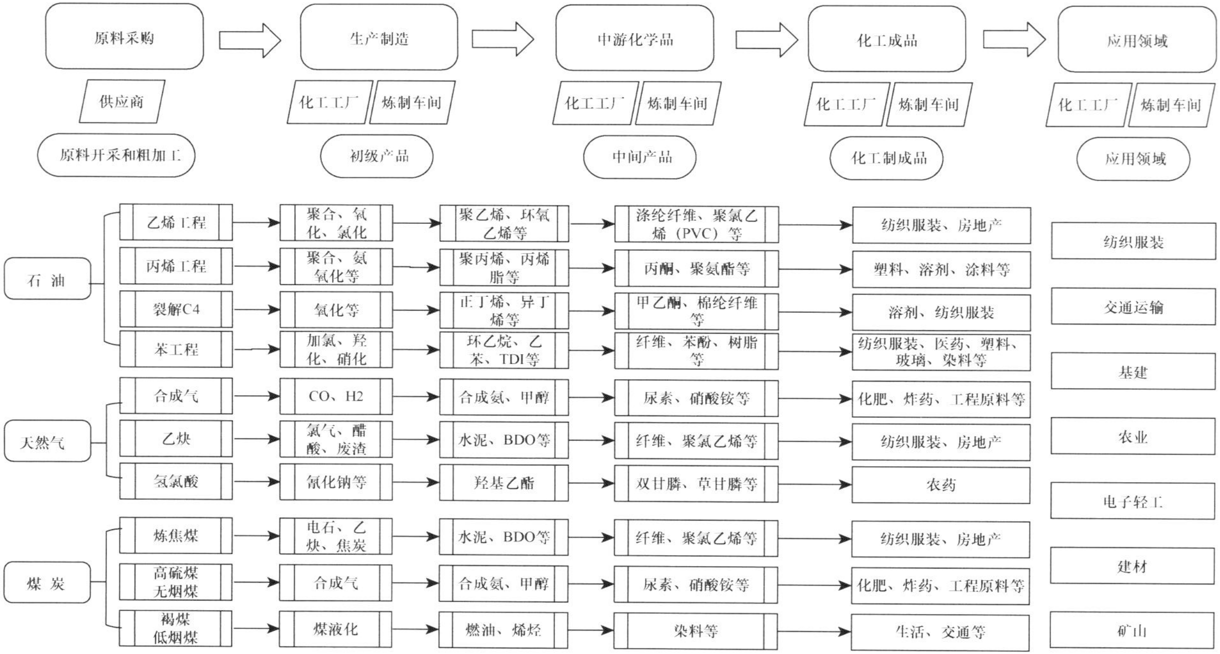


**图14-8　石油化工产业链构成图**

资料来源：作者整理得到。

产业链条细分，煤炭可进行炼焦煤、高硫煤、无烟煤、褐煤、低烟煤的产业链细分；化工车间对初级产品通过聚合、氧化、氯化等过程进行进一步的产业链细分和深化，生产出化工中间产品所需基本原料，包括烯类、烃类、烷类等物质；生产出化学中间产品，包括纤维、尿素、苯酚、树脂等物质；化学成品，直接进入生产生活应用，纺织服装、房地产等众多实践领域。

（二）京津冀石油化工产业发展现状

京津冀三地目前已有炼油产能超过 4 000 万吨。河北作为我国石化产业大省之一，其石化企业主要集中在石家庄、唐山、沧州，拥有石炼化、沧州大化、华北石化、中捷石化等一批大型石化企业。北京仅有燕山石化一家炼化企业，年原油加工能力 1 000 万吨以上。天津拥有中石化天津石化公司、中沙（天津）石化有限公司，年产能在 1 000 万吨以上。目前，京津冀三地各自的石化产业规模均不大，最大单体规模也不超过 1 000 万吨，且布局分散。更严重的是，河北、天津都将以石化产业作为本地的主导产业进行发展，其发展的结果只能是更趋分散。

而随着京津冀协同发展上升为国家战略，京津冀三地应统筹规划，推动京津冀石化产业转型升级。北京逐步地将传统石油炼化产品转移到河北生产，集中优势发展化工新材料等，不再扩大炼油产能（表 14-4、表 14-5）。

**表 14-4　2011—2015 年京津冀石油加工、炼焦和核燃料加工业对比表**

| 地区 | | 2011 年 | 2012 年 | 2013 年 | 2014 年 | 2015 年 |
|---|---|---|---|---|---|---|
| 企业单位数（个） | 北京 | 24 | 24 | 22 | 23 | 20 |
| | 天津 | 35 | 37 | 7 | 39 | 41 |
| | 河北 | 129 | 140 | 149 | 150 | 142 |
| 工业总产值（当年价）（亿元） | 北京 | 902.48 | 886.34 | 767.19 | 845.38 | 591.12 |
| | 天津 | 1 257.77 | 1 181.60 | 1 195.01 | 1 154.01 | 1 276.23 |
| | 河北 | 2 071.08 | 2 320.0 | 2 126.50 | 1 916.3 | 1 738.95 |
| 利润总额（亿元） | 北京 | −10.46 | 4.26 | −11.81 | 15.49 | 0.82 |
| | 天津 | 3.38 | −22.58 | 19.88 | 6.98 | 85.41 |
| | 河北 | 38.51 | 11.5 | 11.97 | −13.4 | −11.63 |
| 产品销售率（%） | 北京 | 100 | 100 | 100 | 99.35 | — |
| | 天津 | 99.6 | 100.1 | 100 | 99.4 | 98.1 |
| | 河北 | 98.96 | 98.15 | 89.51 | 96.45 | 95.33 |

数据来源：《河北经济年鉴》《北京经济年鉴》《天津经济年鉴》。

**表 14-5　2011—2015 年京津冀化学原料和化学制品制造业对比表**

| 地区 | | 2011 年 | 2012 年 | 2013 年 | 2014 年 | 2015 年 |
|---|---|---|---|---|---|---|
| 企业单位数（个） | 北京 | 220 | 220 | 217 | 215 | 204 |
| | 天津 | 381 | 388 | 37 | 377 | 361 |
| | 河北 | 804 | 842 | 938 | 969 | 1 301 |
| 工业总产值（当年价）（亿元） | 北京 | 371.15 | 345.88 | 349.55 | 352.07 | 319.28 |
| | 天津 | 1 154.91 | 1 204.39 | 742.85 | 1 452.69 | 1 445.92 |
| | 河北 | 1 845.82 | 2 065.4 | 2 377.01 | 2 550.8 | 2 685.58 |
| 利润总额（亿元） | 北京 | 36.24 | 4.17 | 1.26 | 27.45 | 29.18 |
| | 天津 | 68.79 | 40.49 | 21.13 | 56.88 | 97.11 |
| | 河北 | 136.81 | 142.9 | 156.04 | 158.6 | 168.90 |
| 产品销售率*（%） | 北京 | 98.00 | 98.92 | 98.82 | 97.23 | — |
| | 天津 | 98.8 | 98.9 | 99.4 | 97.9 | 99.5 |
| | 河北 | 97.74 | 97.44 | 97.14 | 97.27 | 96.81 |

* 产品销售率＝工业销售产值/工业总产值

数据来源：《河北经济年鉴》《北京经济年鉴》《天津经济年鉴》。

## 五、电子信息产业合作

### （一）电子信息产业特点及链条

电子信息产业是研制和生产电子设备及各种电子元件、器件、仪器、仪表的工业，是军民结合型工业。由广播电视设备、通信导航设备、雷达设备、电子计算机、电子元器件、电子仪器仪表和其他电子专用设备等生产行业组成。美国经济学博士马克·波拉特在《信息经济：定义与测算》中将产业划分为：农业、工业、服务业、信息业，首次将信息产业纳入国民经济产业范围。

从产业链角度看：分为终端产品（手机、电脑等）、电子中间产品（汽车音响、空调等）、配件（电脑主板、显卡等）、电子元器件（集成电路、电阻、电感、电容等）。横向来讲，电子行业主要产业链有：通信产业链、计算机及外设产业链、软件产业链、数字视听产业链、集成电路产业链、新型平板显示产业链、LED产业链、第三代移动通信产业链等。纵向来讲，可分为基础产业、核心产业和信息应用产业。

京津冀地区电子信息产业优势互补，互惠互利。北京要强化知识生产和知识服务功能，进一步发挥研发中心、信息中心、总部基地作用；天津进一步发挥港口和滨海新区的作用，增强生产、制造和物流基地功能；河北要加强服务、配套功能建设，改善环境，重点吸引国内外投资，电子信息产业完整产业链图谱如图 14-9 所示。[基础资料来源：卢明华，李国平．全球电子信息产业价值链及对我国的启示．北京大学学报（哲学社会科学版），2004（7）：63-69。]

整个电子信息产业链包括：设备初加工、设计研发、生产制造、销售和服务几个关键流程环节。电子信息的基础产业有光电子产业和微电子产业，由此生产出电子信息产业所需基本原器件，包括光器件、元器件和芯片；由研究机构进行设计对器件进行深层次加工、组装等，生产出中间或终端设备包括：计算机、电路、视听、雷达等六大电子信息产品。除此之外，还有软件和信息服务业同样在这个阶段诞生。电子信息产品、软件业和信息服务业是整个电子信息产业三大主产业链；在销售环节，从用户角度出发，它所接受到的硬件设备和增值服务（一般增值服务和网络增值服务）都来自三大主产业

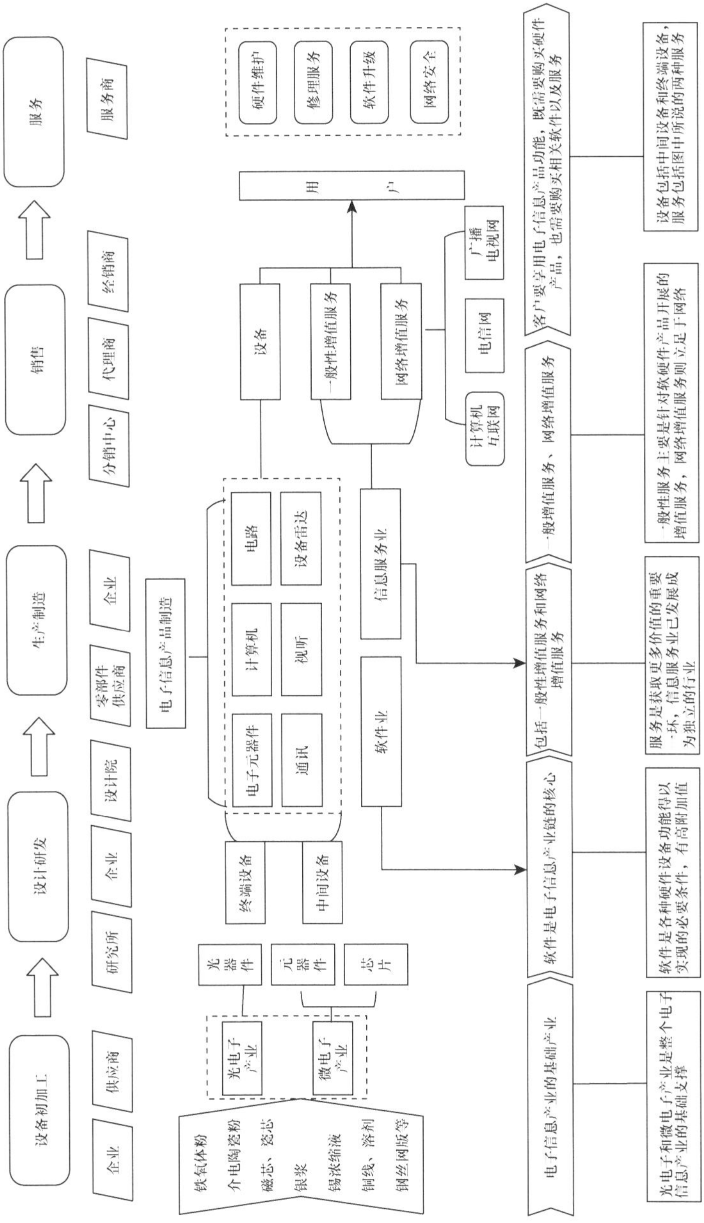


图14-9 电子信息产业链完整结构图

资料来源：作者整理得到。

链末端输出；服务环节由服务商提供硬件、软件等维修、升级和安全等服务（图 14-10）。

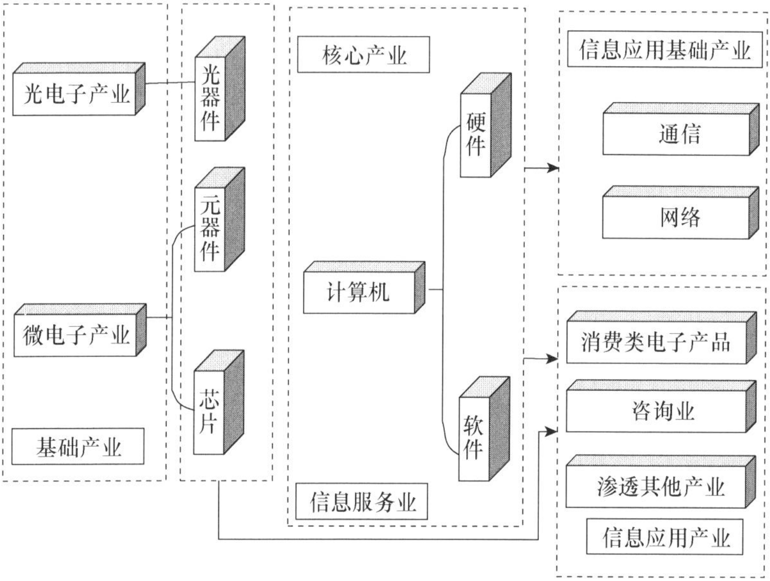


**图 14-10　电子信息产业流程图**

（二）京津冀电子信息产业发展现状

电子信息产业是京津高新技术产业中最具优势的产业。京津冀区域应充分发挥京津科技资源和产业基础优势，将技术引进、消化、吸收与自主创新相结合，强化优势，延伸产业链，提升产业核心竞争力和附加价值，走依靠科技创新、集群化和国际化的持续快速发展道路。

表 14-6 中可以发现地区间在电子信息产业方面的差距非常明显，从规模性指标观察发现，北京和天津在工业总产值和利润总额上已经超过河北一大截。

**表 14-6　　2011—2015 年京津冀地区电子信息产业基本情况表**

| 地区 | | 2011 年 | 2012 年 | 2013 年 | 2014 年 | 2015 年 |
|---|---|---|---|---|---|---|
| 企业单位数（个） | 北京 | 300 | 300 | 296 | 299 | 293 |
| | 天津 | 312 | 339 | 339 | 327 | 314 |
| | 河北 | 106 | 136 | 157 | 176 | 193 |
| 工业总产值（当年价）（亿元） | 北京 | 2 026.15 | 2 054.87 | 2 217.01 | 2 424.46 | 2 110.20 |
| | 天津 | 2 045.06 | 2 558.62 | 3 040.47 | 2 963.41 | 2 586.42 |
| | 河北 | 309.81 | 356.3 | 400.79 | 464.8 | 514.10 |
| 利润总额（亿元） | 北京 | 92.75 | 92.19 | 113.84 | 98.84 | 63.76 |
| | 天津 | 93.15 | 143.78 | 197.04 | 163.52 | 184.52 |
| | 河北 | 21.13 | 15.8 | 32.53 | 51.5 | 54.64 |
| 产品销售率（%） | 北京 | 99.82 | 98.53 | 98.04 | 97.13 | — |
| | 天津 | 97.7 | 98.7 | 99.1 | 97.4 | 97.32 |
| | 河北 | 98.78 | 95.55 | 97.80 | 96.51 | 97.61 |

数据来源：《河北经济年鉴》《北京经济年鉴》《天津经济年鉴》。

2015 年北京和天津分别实现工业总产值 2 110.20 亿元和 2 586.42 亿元，而同期河北省则只有 514.10 亿元，只占北京的 19.17%，占天津的 15.68%。规模差距之大可见一斑。京津冀地区电子信息产业合作主要是以产业联盟形式进行，按照梯度转移理论，北京、天津作为第一梯度城市，应该不断进行创新，以保持技术领域前沿性。而处在第二梯度的河北，除自身力量外，更要引进技术和资金，有条不紊地发展本省电子信息产业。

## 第三节　第三产业合作（多领域、多元化）

京津冀地区的第三产业合作逐渐活跃，并成为京津冀地区产业合作的重要领域。第三产业所涉及重点合作产业有旅游业、金融保险业、商业服务及贸易业。

### 一、旅游业合作

#### （一）旅游业合作概览

京津冀地区有着极其丰富的旅游资源，不仅有丰富的自然景观，还有众多特色鲜明的人文景观。京津冀地区旅游合作有着坚实的基础，主要表现在以下几个方面。第一，地理位置上，三个地区地理位置毗邻，河北省环绕京津，“你中有我，我中有你”，地理上的优势给京津冀旅游合作带来连锁的优势效应。第二，交通网络的便捷，城际、高速等交通网络覆盖面积广、密度大、效率高。第三，需求量旺盛，消费基础雄厚。京津冀地区人口密度大，在占全国2%的土地上集聚了8%的人口。人口总量达1.3亿人之多，且京津地区人均GDP早在2010

年就已经突破 1 万美元，河北省也有 4 000 美元之多。

在看到自身发展基础和潜力的同时，也应该看到京津冀和全国其他地区的差距，如长三角经过 20 多年发展，旅游发展走向了良性循环，而京津冀地区的合作还处于起步阶段。在区域旅游业合作领域已经被长三角和珠三角拉开差距（表 14-7、表 14-8）。

**表 14-7　2011—2015 年京津冀入境旅游人数（万人次）**

| 年份 | 全国 | 京津冀 | 北京 | 天津 | 河北 |
|---|---|---|---|---|---|
| 2011 | 5 758.1 | 707.6 | 520.4 | 73.1 | 114.1 |
| 2012 | 5 770.5 | 704.0 | 500.9 | 73.8 | 129.3 |
| 2013 | 5 568.6 | 659.8 | 450.1 | 75.9 | 133.8 |
| 2014 | 5 562.2 | 637.0 | 427.5 | 76.6 | 132.9 |
| 2015 | 5 689.0 | 636.7 | 420.0 | 78.5 | 138.2 |

**表 14-8　2011—2015 年京津冀旅游外汇收入（亿美元）**

| 年份 | 全国 | 京津冀 | 北京 | 天津 | 河北 |
|---|---|---|---|---|---|
| 2011 | 484.6 | 76.2 | 54.2 | 17.6 | 4.5 |
| 2012 | 500.3 | 79.2 | 51.5 | 22.3 | 5.4 |
| 2013 | 516.6 | 79.7 | 47.9 | 25.9 | 5.9 |
| 2014 | 569.1 | 81.3 | 46.1 | 29.9 | 5.3 |
| 2015 | 1 136.5 | 85.3 | 46.1 | 33.0 | 6.2 |

### （二）京津冀旅游合作现状

从 20 世纪 80 年代中期，政府层面首次提出京津冀一体化设想，到后来北京、河北、天津三地旅游部门共同签署《京、津、冀旅游合作协议》，直至 2013 年 5 月京津冀签署战略合作框架协议，各地区旅游主管部门通过不懈努力，共同深化区域旅游合作。

虽然京津冀旅游合作已经提出很多年，但效果却不尽人意，甚至是收效甚微，其原因主要在于缺乏明确的合作结构模式、政府未能发挥引导的作用、合作深度不够等。目前，京津冀旅游业合作更多的还是停留在会议、研讨层面。“雷声大、雨点小”，在实际操作和成效方面却没有太多实质性进展。京津冀三地旅游资源各有特色，河北省有着丰富的旅游资源，旅游类型多、路线长；北京以城市观光旅游为特色；天津则属于工商业城市，旅游以滨海类观光特色见长。但各地都重自我发展、合作较少，导致三地旅游资源优势无法互补，劣势无法克服。

**表 14-9　　京津冀地区旅游路线整合（部分）**

| 旅游类型 | 旅游路线整合 |
|---|---|
| 红色旅游系列 | 北京 ——> 金山岭 ——> 承德 ——> 隆化 |
| | 北京 ——> 天津 ——> 石家庄 ——> 邯郸 |
| 草原风光系列 | 北京 ——> 金山岭 ——> 承德 ——> 木栏围场 |
| | 北京 ——> 怀柔 ——> 丰宁 |
| 历史文化系列 | 老龙头——>金山岭——>黄崖关——>慕田峪——>八达岭——>大境门 |
| | 北京 ——> 唐山 ——> 秦皇岛 ——> 石家庄 ——> 邯郸 |
| 民俗风情系列 | 北京 ——> 廊坊 ——> 沧州 ——> 吴桥 |
| | 北京 ——> 清东陵 ——> 唐山 ——> 秦皇岛 |
| 海岸风光系列 | 北京 ——> 金山岭 ——> 承德 ——> 秦皇岛 |
| | 北京 ——> 秦皇岛 ——> 天津 |

资料来源：作者整理得到。

## 二、金融保险业合作

北京、天津和河北三地之间主动进行的金融合作不断地加强，“京津冀票据自动清分系统”自2005年6月起正式运行，实现了京津冀区域票据交换的先例，京津冀区域支付清算资金交易量不断增加，截至2010年末，天津金融机构通过大额支付系统与北京、河北的跨区域票据清算资金达19 100亿元、909亿元。天津与北京、河北的跨区域票据清算资金占到区域票据清算资金总量的50%以上①。

## 三、商业服务及贸易业合作

京津冀地区商业服务业合作的重点是以批发零售业、餐饮业、物流业和生活服务业等为主的“区域大商业”。

在商业贸易合作方面，商业贸易企业跨地区建立连锁店，实现跨区域经营，如总部设在北京的国内最大的加点零售连锁企业国美电器有限公司，已经跨地区把直销点开设到天津、廊坊和石家庄在内的25个城市。（数据来源：京津冀区域发展报告2014。）

---

① 范晓乐．京津冀区域金融合作发展研究［D］．天津：天津师范大学，2012.

# 第十五章　指标体系及说明

本章介绍的跨区域创新能力指标体系框架主要由5个一级核心指标、13个二级指标、21个三级指标以及32个具体指标构成。依据本指标体系框架对京津冀地区跨区域创新能力进行了系统全面的分析研究。本章从创新资源共享、创新合作指数、区域一体化总指数、产业共生效应指数和产业合作五个方面来对京津冀地区的跨区域创新能力进行深度分析，有效衡量京津冀区域的协同创新能力水平，为京津冀一体化协同发展战略的实施提供更加丰富的研究资料。

## 第一节　指标体系框架

指标体系框架如表15-1所示。

**表 15-1　　　　　　　跨区域指标体系框架**

| 一级指标 | 二级指标 | 三级指标 | 指标具体含义 | |
|---|---|---|---|---|
| 创新资源共享 | 教育资源共享 | 硬件资源共享 | 教学设施共享 | 教学设施设备总值（万元） |
| | | 软件资源共享 | 师资资源共享 | 高级教师数量（人） |
| | | | 知识资源共享 | 专利共享数量 |
| | 科技资源共享 | 条件科技资源共享 | 物理资源共享 | 大型仪器设备原价（万元） |
| | | | 信息资源共享 | 图书藏量（万本） |
| | | 非条件科技资源共享 | 人才资源共享 | 京津冀人才战略合作的深化 |
| 创新合作指数 | 创新成果合作交流 | 创新成果区域交易 | 技术消化吸收 | 技术合同成交额（亿元） |
| | 行业流动 | 行业区域流动 | 京津冀产业转移 | 产业合作平台的建设等 |
| | 项目合作 | 项目研发合作 | 区域项目研发合作 | 项目研发合作数量及金额 |
| 区域一体化指数 | 交通空间一体化 | 交通基础设施一体化指数 | 铁路交通状况 | 铁路网密度和长度 |
| | | | 公路交通状况 | 公路路网密度和长度 |
| | | | 航空交通状况 | 机场吞吐量 |
| | | 交通一体化规划、布局 | 交通规划 | 京津冀交通规划 |
| | | | 交通布局 | 京津冀交通布局 |
| | 经济空间一体化 | 市场一体化程度 | 消费品市场一体化 | 价格指数比值 |
| | | | 生产品市场一体化 | 城镇居民可支配收入间比值 |
| | | 产业一体化程度 | GDP 相关性 | GDP 增长率间相关性 |
| | 社会空间一体化 | 教育一体化程度 | 教育服务数量 | 中级及以上学校数量之比 |
| | | | 教育服务质量 | 中级及以上学校每专任教师负责学生之比 |
| | | 医疗一体化程度 | 医疗卫生基础设施 | 每千人拥有床位数之比 |
| | | | 医疗卫生人力资源 | 每千人拥有医疗卫生从业人员数之比 |
| | | 就业一体化程度 | 就业机构、政策 | 主要采用文字描述 |
| 创新极共生效应 | 创新极内部效应 | 创新极识别和确定 | 创新极识别 | 熵值法计算公式 |
| | | 创新极创新态势指数 | 创新极联系数 | 联系数计算公式 |
| | | | 同异反态势 | 同异反态势计算公式 |
| | | | 创新极偏联系数 | 偏联系数计算公式 |
| | 创新极之间效应 | 创新极共生效应指数 | 技术态势差指数 | 技术态势差计算公式 |
| | | | 共生效应指数 | 创新极共生效应计算公式 |
| | | 创新极集聚状态 | 创新极集聚状态 | 多维标度法测算集聚状态 |

续表

| 一级指标 | 二级指标 | 三级指标 | 指标具体含义 | |
|---|---|---|---|---|
| 产业合作 | 第一产业合作 | 第一产业合作模式 | 政府主导下“农企＋基地＋科研机构” | 农业 |
| | 第二产业合作 | 第二产业合作模式 | “产业梯度转移”和“跨区产业链形成” | 钢铁产业、建材工业、医药制造业、石油加工与化学工业、电子信息产业 |
| | 第三产业合作 | 第三产业合作模式 | 多领域、多元化 | 旅游业合作、金融保险业、商业服务及贸易业 |

## 第二节　指标体系数据来源

本章数据主要来源于《中国科技统计年鉴》《中国高技术产业年鉴》《北京经济统计年鉴》《中国统计年鉴》《北京市科技创新情况简介》《天津市科技创新情况简介》《关于河北省创新工作的有关情况》《天津市科技统计年鉴》《2015 中国区域创新能力报告》《河北省经济发展报告 2016》《京津冀区域发展报告》《河北省区域创新能力分析报告》以及百度资料：《京津冀跨区域合作建校，共享资源缩小差距》《京津冀科技资源共享的障碍及对策》《京津冀科技资源共享的现状、问题及对策》《京津冀高校图书馆信息资源共享探析》等。

JINGJINJI QUYU

KEJI CHUANGXIN FAZHAN BAOGAO

# 创新合作专题案例篇

# 第十六章　中关村海淀园秦皇岛分园案例

## 第一节　背景及简介

海淀园是中关村科技园区的发祥地和中心区，园内有高新技术企业 1.1 万多家，总收入超过 1 万亿元，接近中关村科技园区收入总数的一半。中关村科技园区海淀园的前身是全国第一个国家级高新技术产业开发区——北京市新技术产业开发试验区，它以北京大学、清华大学、中国科学院等著名学府和研究机构为依托，规划占地面积 133.06 平方千米，闻名中外的“中关村电子一条街”是它的发祥地。海淀园在 20 年的发展中，凭借得天独厚的科技资源优势、创新人才优势，紧紧抓住向市场经济转变的历史性机遇，求实创新、开拓进取，创造了令世人瞩目的成绩。但海淀园在发展过程中面临产业发展空间不足、科技资源优势向产业优势转化的课题，这促使海淀部分产业有序转移。2013 年下半年以来，海淀区政府与秦皇岛市政府积极洽谈对接，寻求合作发展空间。随后，中关村科技园区海淀园管委会与秦皇岛经济技术开发区管委会签订合作协议，共同建设中关村海淀园秦皇岛分园。

该分园首选落地秦皇岛，除因当地环境优美、生态优良、资源丰富外，更得益于秦皇岛开发区自2008年起就致力于战略性新兴产业的发展，已经形成了规模和集聚效应。双方本着优势互补、资源共享、引进品牌、创新理念、营造环境、共赢发展的原则，致力打造环渤海首都经济圈重要的新型产业承载基地，对接首都资源促进河北发展的先行区、示范区和带动区。

## 一、地理位置

中关村海淀园秦皇岛分园位于秦皇岛经济技术开发区西区，距离北京280公里，距离天津245公里，距离沈阳380公里，是中国东北、华北、西北地区的重要出海口（图16-1）。秦皇岛地处东北、华北经济区的结合部，环渤海经济圈的中心地带，南临渤海，北依燕山，是河北唯一的零距离滨海城市。

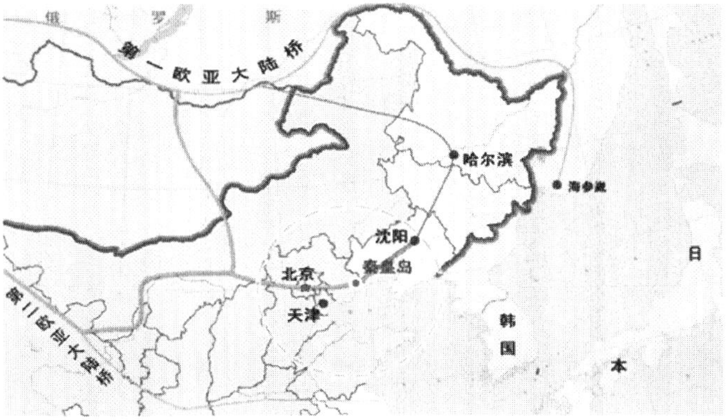


图 16-1　京津冀地理位置

## 二、交通条件

秦皇岛交通设施建设不断加强，着力构建以空港、海港、城市综合交通枢纽为核心，公路、铁路、海运、民航大通道为主干，东出西联、南北畅通、全民共享的现代化综合交通运输体系（图 16-2）。

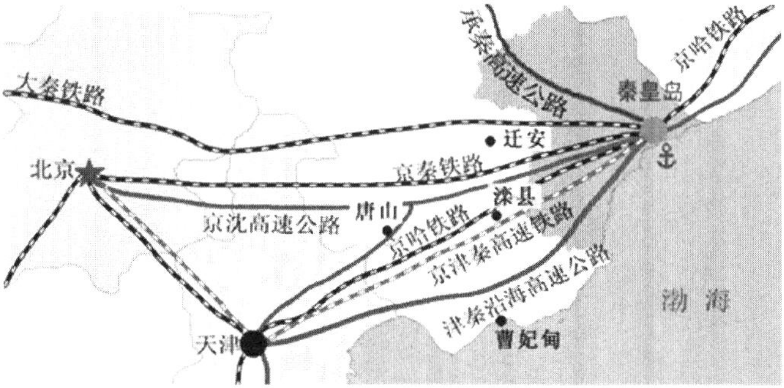


图 16-2　陆路交通网

除了上述优越的地理位置和通畅的交通条件外，秦皇岛还在服务保障、商务环境、医疗保障、产业政策等具有不同程度的便利和优势。

2013 年 11 月 6 日，中关村科技园区海淀园管理委员会（以下简称中关村海淀园管委会）与秦皇岛经济技术开发区管理委员会（以下简称秦皇岛开发区管委会）签署“中关村海淀园秦皇岛分园”合作共建协议，双方以科技创新、产业化项目合作为重点，建立区域性联合推动机制，实现资源优势互补、产业合理分工，产业结构升级，拓展产业发展空间，促进区域经济协调发展。中关村海淀园秦皇岛分园坐落于国家级秦皇岛经济技术开发区内，是中关村海淀园管委会与秦皇岛开发区管委会合作共建的创新型高科技产业园区，是中关村科技园区海淀园在全国的第一家分园。总体定位于节能环保、电子信息（大数据）、生物工程、航空航天产业以及中关村科技园区海淀园成熟科技成果的产业化基地。

## 第二节　案例介绍

2014 年 5 月 11 日，中关村海淀园秦皇岛分园正式挂牌，同时来自中关村的北京千方科技、碧水源等六家高科技企业入驻该园区，并将在“智慧交通、智慧医疗、智慧城市、污水处理、服务外包”等方面进行转化应用。这使分园从揭牌开始就步入实质性运作阶段。秦皇岛分园的建立承接了北京中关村高端制造、高新技术、节能环保产业和高端人才转移，是北京高科技生产要素第一次大规模向河北辐射外溢，既是中关村克服产业空间不足这一发展瓶颈的重要举措，也是秦皇岛市在京津冀协同发展进程中迈出的实质性步伐。

中关村海淀园秦皇岛分园建立后，着力搭建区域产业转移合作平台、跨区域产学研合作和资源共享平台和形成以市场为导向的合作机制。成立分园合作共建机构，定期或不定期开展项目对接，统筹推进产业有序转移，缓解首都人口资源承载压力，同步助推秦皇岛产业结构转型升级；充分发挥海淀园科技和人才资源优势，引导适合在分园产业化的技术或项目落地转化，发挥现有的秦皇岛（中科院）技术创新成果转化基地的作用，整合两地科研资源、加速科技成果转移转化、促进落地项目在分园持续发展壮大，同时支持意向在北京设立总部及研发机构的分园企业，优先推荐给海淀园，推动两地资源双向对流；整合当地资源，为企业开拓更大市场，促进新技术、新产品的推广应用，满足产业发展需求，加快承接地的科技创新发展和智慧城市建设。

## 第三节　成功启示：跳出一亩三分地，共拓发展空间，实现多方共赢

多方共赢既是一种协同发展的理念，也是一种协同发展的途径；既是协同发展的目的，也是协同发展的手段。在协同发展中，原有利益如何分配一直是个羁绊，因此，没有多方共赢这一目标的引导，协同发展必然缺乏动力。

中关村海淀园秦皇岛分园的建立，拓宽了京津冀协同发展新路径，实现了多方共赢。其秘诀是：打破“一亩三分地”的思维定式，采用“四四二”财税分配机制，达到多方共赢。首先，两地政府积极互动，共拓企业发展空间。秦皇岛针对入驻企业制定“一站式”“一条龙服务”体系，在入园企业享受开发区现有优惠政策的基础上，从购地用房、政府采购、科技扶持、人才支持、新产品新技术推广等方面给予特别支持。中关村海淀园负

责推荐入园企业和品牌建设。其次，“四四二”财税机制，实现多方利益共赢。海淀区的企业到秦皇岛落地发展，实现的地方财政收入，双方按各40％共享，同时还有20％将建立产业基金用于扶持入园企业。这意味着企业离开海淀，其税收不会完全失去，而秦皇岛也不必因为付出了土地等各种资源要素后得不到任何回报。这种机制有助于各园区、平台在京津冀协同发展的大局下真正发挥“1＋1＋1＞3”实现多方共赢的作用。

# 第十七章　清华大学（固安）重大科技项目中试孵化基地案例

## 第一节　背景及简介

清华大学重大科技项目（固安）中试孵化基地由省政府与清华大学联合共建，委托固安县、河北清华发展研究院和华夏幸福基业股份有限公司负责具体建设和运营。河北清华发展研究院、固安县政府、华夏幸福基业股份有限公司共建中试孵化基地，是将清华的人才优势、科技优势与河北的区位优势、产业优势有机结合的重要平台，是政府主导、企业主体、科研主力、以市场为导向推进产学研深度融合的成功范例，是省校双方落实京津冀协同发展国家战略的生动实践，在河北省与清华大学全面合作进程中具有十分重要的里程碑意义。

## 第二节　案例介绍

清华大学（固安）中试孵化基地充分发挥清华学科齐

全、专家聚集、教育领先与品牌影响等软实力的优势，有效利用固安独特的区位交通优势、良好的园区基础条件和优美的创业发展环境，重点打造集“创新研发、项目孵化、技术转移、支撑服务”四位一体的产学研合作平台，形成高层次人才、科技成果、高新技术产业和资本的聚集高地。该基地建设完成后将有一大批清华的高新技术成果在此中试孵化并优先在河北产业化。固安地方政府将为中试孵化基地建设提供服务保障，清华将利用品牌优势带动更多京津高校和科研院所参与其中，为京津冀协同发展提供有力支撑。

清华大学将推动校内相关高技术成果到基地孵化、转化。此外，中试孵化基地还将发挥多学科、跨行业的科技优势，推动技术集成合作创新与技术转移、科技成果转化，重点打造以国家级孵化器、国家级重点实验室及国家级科技创新平台为目标的科技成果孵化创新区。未来，还将在固安建设中试基地、应用研究中心、科技创新大厦、高层次人才创业区、院士交流工作站及配套项目设施等。

## 第三节　成功启示：知己知彼，立足优势互补，合作推进协同发展

如何审视自己、扬长避短，是实现超常规发展的关

键所在。“优势互补”要求决策者首先“知己知彼”，“知己”就要学会审视自己，了解自己的比较优势和劣势；“知彼”就要学会洞察他人，掌握对方的长板与短板。然后找到双方的共性需求，在此基础上谈合作才具有针对性和可行性。北京清华与廊坊固安立足优势互补，协同创新，合作共建四位一体产学研合作平台，从而促进创新研发的持续开展和科技成果的高效转化。所以，京津冀协同发展应注重发挥三地各自优势，凝聚各方智慧，坚持优势互补、互利共赢的原则，不断深化科技合作，持续推进协同发展。

# 第十八章　秦皇岛（中科院）技术创新成果转化基地案例

## 第一节　背景及简介

秦皇岛（中科院）技术创新成果转化基地前身为秦皇岛（中科院）数据产业研发基地，2012 年 7 月由秦皇岛开发区与中科院北京分院合作建立。秦皇岛（中科院）技术创新成果转化基地是中科院北京分院与地方政府合作的第一家以研发团队办企业模式为主的成果转化和产业化基地，创造性地提出“科学家+企业家”创业模式。以基地为平台，中科院组织科研院所和研究力量来秦落地，依托中科院人才、技术、科技信息等优势，结合秦皇岛开发区数据产业发展需求和区内骨干企业的技术需求，培育和孵化出有发展潜力的企业，围绕数据挖掘、数据处理、数据应用、数据服务等方面开展应用性研究、成果转化和产业化，针对数据产业不同阶段的发展需求，基地将采取建立研究机构分部，孵化科技型企业、共建研发中心、人才培养等多种方式，实现中科院高科技项目和人才的集聚，为京津冀的协同发展提供了有力支撑。

## 第二节 案例介绍

2013 年，秦皇岛（中科院）技术创新成果转化基地正式挂牌成立。双方成立了基地领导小组，下设专家组，对入驻基地的项目进行评审和考核。截至目前，基地引进中科院遥感所、地理所、自动化所、过程所等 12 家科研院所的 19 个项目，成立了 16 个实体企业和 3 个所企共建研发平台，成立 2 家院士工作站，聚集 2 位院士、11 位研究员，博士以上学历的高层次人才 35 人，取得自主知识产权 113 项，从业人员 308 人。预计基地 2016 年产值将突破 2 亿元。中科富斯以开发区全长 5.2 公里的龙海道作为首个应用平台，节电率达 65.94%，为智慧城市照明树立了标杆，在全国市场推广中起到了良好的示范作用，2015 年完成旅顺开发区、东戴河新区照明工程施工，签订合同额 6 700 万元。中科百捷以开发区数谷大厦为样板工程，使建筑面积 4.6 万平方米的大厦每年节电 60 万度，减少煤耗 192 吨，减少碳排放量 500 吨。由秦皇岛开发区、中科院半导体所和秦皇岛中科纳川电子有限公司三方合作共建的“汽车电子集成电路产业基地项目”签约，建成后将实现年产1亿片（5种以上）汽车核心类芯片，年产值达100亿元。

在未来，中科院北京分院将会一如既往地支持和重视与秦皇岛市的合作，继续推动各项合作的深入开展：一是从人才、资金等方面全力支持基地建设，中科遥感、中科鸿合等已在秦皇岛实施成果转化的企业要加大管理力度，尽快发展壮大；二是鼓励支持更多的中科院研究所在秦皇岛进行成果转化，兴办更多的实体企业，力争到2020年，基地的产值突破20亿元；三是加大中科院与秦皇岛企业间的合作力度，促进秦皇岛市传统产业的转型升级和战略性新兴产业的培育。秦皇岛市方面也将全力做好与中科院的合作工作，针对基地的发展制定具体的支持政策，并通过设立成果转化资金、成立科技支行等方式，重点支持基地企业的融资需求。建立高层次人才公寓，为基地人才提供良好的生活条件，为中科院在秦发展提供更大的空间和平台、最优的创新环境和生活环境，促进中科院更多更好的科技成果在秦皇岛实现快速转化。

## 第三节　成功启示：创新创业模式，鼓励研发团队办企业，使科技成果实现高效转化成为可能

科技成果转化即将具有创新性的技术成果从科研单位转移到生产部门，使工艺改进，效益提高，最终经济得到进步。统计数字显示，每年全国科研工作者的专利成果，95％难以顺利转化，其重要原因就是缺乏资金和工业测试环境。秦皇岛（中科院）技术创新成果转化基地鼓励研发团队办企业，创造性地提出“科学家＋企业家”模式，有效地解决了资金和测试环境不足的难题。该模式是指吸引科研人才携带项目落户基地，并结合企业技术需求挖掘新项目，利用基地资金与平台，发挥专业技术能力，培育和孵化出更多有发展潜力的企业。这种模式无疑有利于科技成果的高效转化和快速产业化，值得研究、学习和借鉴。

# 第十九章 新兴凌云医药化工有限公司案例

## 第一节 背景及简介

新兴凌云医药化工有限公司（以下简称新兴凌云公司）是由北京凌云建材化工有限公司（以下简称北京凌云公司）整体搬迁而来的。新兴凌云公司位于河北省邯郸市武安工业区，占地面积 17 300 平方米（合计约 26 亩），是新兴际华集团（中央企业，2014 年世界 500 强排名第 365 位）下属企业。公司项目总投资 2.7 亿元，其中，项目一期投资 1.7 亿元，年产 6 万吨医药级碳酸氢钠，将实现利税 6 000 万元；项目二期计划投资 1 亿元，将实现利税 1 亿元以上。北京凌云建材化工有限公司是我国生产原料药碳酸氢钠的龙头企业，拥有 50 多年生产碳酸氢钠的历史，是国内最早生产原料药碳酸氢钠的企业。目前，公司产品覆盖注射/透析、药用口服、食用等三个高级别的碳酸氢钠。经过多年发展，公司注射/透析级市场占有率高达60%以上，药用口服级市场占有率高达90%以上。公司的“山花”牌碳酸氢钠是部优、市优产品，产品质量行业领先。公司的高端食用、化妆品用碳酸氢钠主要服务于卡夫、雅芳等世界知名企业，“山花”牌是国内高端食用碳酸氢钠第一品牌。

## 第二节　案例介绍

2014年4月，北京凌云建材化工有限公司原料药碳酸氢钠项目整体搬迁转移到河北省邯郸武安市，注册成立新兴凌云医药化工有限公司。

武安虽然是一座县级城市，但其经济发展水平并不低，2012年GDP达到580.44亿元，按照68万人（2008年）计，人均GDP规模超过万美元，这比国内一些省会级城市的人均经济发展水平还要高。武安取得如此经济上的成绩主要得益于武安市丰富的自然资源以及由这些自然资源所建立起来的工业基础。武安的自然资源十分丰富，煤、铁矿最为有名，为全国四大富铁基地。这使武安依托自然资源快速发展其工业基础成为可能。武安依靠冶金、建材、煤炭三大主导产业，位居全国县域经济百强第51位，在晋冀鲁豫四省交界区县域经济中居第一位。作为一座工业化的城市，武安承接工业企业落户也符合其城市发展定位，武安市的煤炭供给可以满足凌云公司的需要，而且与武安钢铁产业合作，还可以将钢场排放的二氧化碳吸收再利用，实现了1＋1＞2的效果，实现双赢。

北京凌云公司是首家京津冀外迁企业，在搬迁过程中实现了设备升级、质量标准升级和产品升级。碳酸氢钠车间生产区总建筑面积为6 211平方米，其中D级洁净区1 560平方米，占生产车间面积的25.11％。公司主要生产注射/透析级、药用口服级、工业/食品级三个级别的碳酸氢钠产品，前身创立“山花”知名品牌，已拥有57年生产历史，产品中注射/透析级国内市场占有率60％以上，药用口服级国内市场占有率70％以上。公司将继续秉承“山花烂漫、人生康健”的理念，凭借资源和区位优势，打造世界一流、中国第一的医药级碳酸氢钠生产研发基地。公司可每年降低综合排放二氧化碳22 000吨，达到循环利用、节能减排、绿色低碳生产。

这是北京与河北产业对接的一次实际行动，不是一味地“揽包袱”，而是顺应了国家京津冀协同发展的大局，按照“减量化、再利用、资源化”的原则，实现了废气、废水、废渣的零排放，满足了发展经济、提供就业、节能减排等经济效益、环境效益的需求。这次产业外迁综合考虑了劳动力要素供给、城市定位以及优势互补。

## 第三节　成功启示：变废为宝，有选择承接产业转移，实现经济效益、环境效益的和谐共生

既要金山银山，更要碧水蓝天；既要打造“创业天堂”，更要建设“生态家园”。在京津冀协同发展的形势下，积极谋划与京津的产业对接，利用自身优势，找准自身定位，以双赢促发展。

北京凌云原料药碳酸氢钠项目整体转移到邯郸武安落地成功关键在于：变废为宝，和谐共生的选择。对京津地区的产业的转移，不是一概的接受，而是在提升经济效益的同时，兼顾环境效益，双管齐下共同推进京津冀协同发展。凌云公司搬迁至邯郸，北京的排放为零，且腾出数百亩的工业用地，为建设生态型应急救援产业示范园区提供了条件。同时，凌云公司在邯郸的成立，

将充分利用新兴铸管生产过程中的废气和余热，同时减少能源、资源的消耗，变废为宝，即减少了污染，节约了能源，又带来了经济效益，符合建设“绿色邯郸”的战略规划，这为京津冀协调发展下产业的转移与承接探索了一条新路径。

# 第二十章　中国科学院唐山高新技术研究与转化中心案例

## 第一节　背景及简介

中国科学院唐山高新技术研究与转化中心（以下简称唐山中心）成立于2008年12月31日，由中国科学院和唐山市人民政府合作共建，是中国科学院在我国北方地区建立的第一家与地级市合作的技术研发与转移转化机构。集研发、技术转移、成果转化、人才聚集为一体，按照“院市共建、企业参与、成果共享”的原则，以钢铁、新材料、环保、化工和节能减排为重点发展领域，开展研发和产业化工作。引进中科院过程所、理化所、生态环境研究中心等10个研究机构在唐山开展工作，建立了新材料及精细化工、生物技术等17个公共实验室，与多家企业开展全方位合作，有效积聚、发挥了中科院科技和人才优势。

## 第二节　案例介绍

唐山中心是中科院在我国北方地区建立的第一家与地级市合作的技术研发与转化机构。目前下设工程事业部、理化事业部、微生物事业部、电工事业部等部门。

中国科学院与唐山市人民政府合作共建河北省第一家技术研发与转化机构，标志着我省与中国科学院的科技合作进入了一个新的阶段。这将为企业与科研单位搭起了科技创新的平台，搭起了技术交流与合作的平台。河北省科学技术厅将从科技项目立项、科研经费、科技政策等方面支持中国科学院唐山高新技术研究与转化中心的建设和发展。为借助中科院的科技资源和人才资源优势，加快知识传播和人才转移，加快推进唐山科学发展示范区建设，2008 年 4 月，唐山市政府与中科院北京分院签署了全面科技合作协议，正式开始了唐山市与我国“大院名校”的合作进程。中国科学院唐山高新技术研究与转化中心成立，标志着唐山市与“大院名校”的实质性科技合作取得了突破，开创了我省与中国科学院合作建立技术研发与转化机构的先例，开辟了政产学研融合发展的自主创新模式。

中科院与唐山市共建唐山中心，并不是另建一个实验室，也不能延续研究所做项目的传统模式。唐山中心要瞄准地方发展的现实需求，打造高技术研究、转移、转化的平台，并最终为地方经济社会发展实现效益。唐山中心的最终目标，是要按照“院市共建、企业参与、成果共享”的原则，以钢铁、新材料、环保、化工和节能减排为重点发展领域，开展研发和产业化工作，力争建设成为中科院与地方共建的工业技术研究和自主创新的平台，最终建设成为环渤海地区高新技术成果的转移转化中心，辐射全国。

作为中科院布局环渤海的第一家成果转移转化中心，唐山中心无论是对于中科院还是对于环渤海各省市来说，在促进社会经济发展和提升产业方面都具有重大意义。

## 第三节　成功启示：瞄准现实发展需求，创新院地合作模式

唐山中心的建立，不是另建一个实验室，更不是延续研究所做项目的传统模式，而是瞄准地方发展的现实

需求，院市双方合力打造的高技术研究、转移、转化平台，其成功的关键在于：找准需求，创新模式，借力合作。首先，根据建设唐山科学发展示范区的需求，建立区域成果转化服务体系，围绕唐山市区域特色产业集群，构建省、市、县三级科技成果转化联动机制，提高成果转化能力；实施成果转化工程，以适合唐山市钢铁、化工、先进制造、生物医药等重点领域企业发展需要的项目为牵引，着力推进科技成果转化，促进现在产业体系建设。其次，探索新型政产学研协作创新模式。实行自收自支、企业化管理，并采用理事会领导下的主任负责制的院地合作模式。这种结合自身需求，创新合作模式，借力发展的合作平台有效破解了科技成果转化落地最后一公里的难题。

# 第二十一章　沧州中捷高新技术开发区案例

## 第一节　背景及简介

沧州中捷高新技术开发区（以下简称中捷高新区）经济发展局按照“严抓项目管理，细化责任分工，多举措保证项目推进”总体思路，对全区重点项目进行细致、系统的管理。做到周统计、月总结、季分析，实现高新区项目建设的新突破。截至目前，高新区重点项目累计43个，总投资112.9亿元。其中，年内新开工项目9个，总投资32.975亿元；计划新开工项目4个，总投资10.9亿元；前期谋划项目30个，总投资约70亿元。当年实际利用外资3 500万美元。

中捷高新区以打造集聚创新资源的先行区、中欧特色的新兴产业高地、产城融合的科技新城区为定位，经过两年的发展，已初步形成了高等教育园、总部经济园、大学科技园，高端制造板块、新材料新能源板块、通用航空板块、科技研发板块“三园齐创、四域并举”的发展格局。三园内签约项目已达 7 个，达成合作意向项目 20 余个。主要包括震威摄像头、海水淡化与膜工程技术研发中心、通用航空机场、德国旋翼机制造、捷克 F-AIR 航空培训学院、非公路矿用自卸车项目、美国杜邦太阳能膜背板、江苏鸿典高分子纳米膜项目、北林科技园、捷克固定翼飞机、斯洛伐克轴承制造、“机器人”工业制造项目、国网通航项目、尖兵之翼无人机展示中心及鸿星尔克鞋服基地及物流项目等。域内已有通用机场、F-AIR 航空学院、星宇汽车配件、中冶京诚矿用自卸车等一大批优质项目成功落地，带动引领作用非同一般。同时，借助高新区的平台优势，中捷的科技服务业方兴未艾。开发区与教育部、北京林业大学联合共建的渤海新区大学科技园以及中东欧技术转移中心、北航沧州教育园、河北工业大学产业研究院、中科院过程所、河北农业大学众创中心等科技创新平台为中捷发展高新技术产业提供了强力支撑。

## 第二节　案例介绍

中捷高新区具有区位、交通、港口、土地、政策等诸多优势，以科技创智区为中心，辐射带动高端装备制造园、新兴海洋产业园、新材料产业园“三大特色产业园”的共同发展，但开发区的持续发展却面临着资金、人才、项目匮乏等问题。中关村股权投资协会是国家级股权投资行业协会，拥有近千家来自全国各地的投资机构会员，会员管理的投资基金总额近千亿元，同时，还拥有丰富的企业项目资源。中捷高新区立足自身优势，牵手中关村投资协会，开展战略合作，率先采取众筹（即大众筹资，由发起人、支持者、平台构成）和集置业、创业为一体的全新资源配置模式和开发模式。此举不但为中捷高新区引进一批高科技项目和创业精英以及急需的发展资本，同时也将有助于缓解北京市创业资源配置高度饱和的压力，为京津冀地区经济结构转型提供先行先试的实践经验。

## 第三节　成功启示：立足自身优势，搭建优秀平台，合理配置创新资源，实现共同发展

中捷高新区立足自身优势，利用其丰富的土地资源、良好的创新创业环境打造优势“草船”，然后吸引中关村

股权投资协会，利用其在国内外产业界、金融界、科技界强大的号召力和在会员、信息、人脉上的巨大优势，整合与调动强力资源，采取众筹和集置业、创业为一体的全新资源配置模式，搭建人才、项目、资金、产业平台，承接高新技术产业向中捷高新区转移。此举将为河北省引进高科技创业人才、项目提供有益的借鉴。

# 附　录

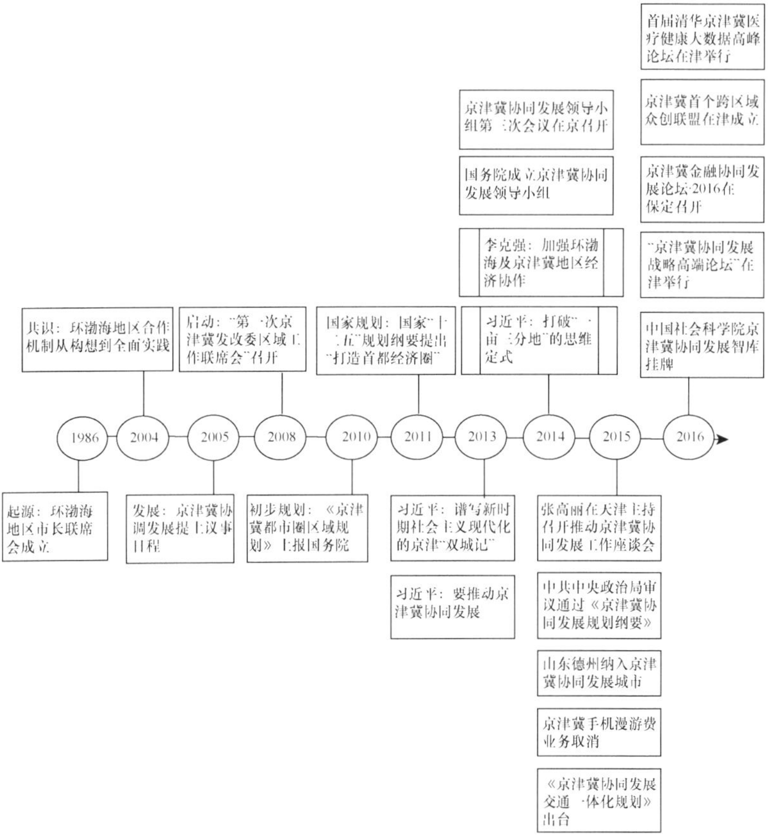


**图1　京津冀一体化进程**

（1）起源：环渤海地区市长联席会成立。

1986 年，时任天津市市长李瑞环倡导，环渤海地区 15 个城市共同发起成立了环渤海地区市长联席会。

（2）共识：环渤海地区合作机制从构想到全面实践。

2004 年 2 月，国家发展改革委召集京津冀三省份发改部门在廊坊召开京津冀区域经济发展战略研讨会，达成“廊坊共识”。2004 年 6 月，环渤海合作机制会议在廊坊举行。会议草拟了《环渤海区域合作框架协议》。这标志着环渤海地区合作机制已从构想、探索进入到全面启动和实践阶段。

（3）发展：京津冀协调发展提上议事日程。

2005 年 1 月，国务院常务会议通过《北京城市总体规划（2004—2020）》。规划提出，积极推进环渤海地区的经济合作与协调发展，加强京津冀地区的协调发展，要基本形成以北京、天津为中心的“两小时交通圈”。2005 年 6 月，国家发改委在唐山市召开“京津冀区域规划工作座谈会”。

（4）启动：“第一次京津冀发改委区域工作联席会”召开。

2008 年 2 月，由天津市发改委倡议和发起，经过京津冀发改委共同协商、酝酿的“第一次京津冀发改委区域工作联席会”在天津召开。天津市人大常委会副主任、市发改委主任李亚力会见了参会代表。会上，京津冀发改委共同签署了《北京市、天津市、河北省发改委建立“促进京津冀都市圈发展协调沟通机制”的意见》。

（5）初步规划：《京津冀都市圈区域规划》上报国务院。

2010 年 8 月，《京津冀都市圈区域规划》上报国务院，区域发展规划按照“8＋2”的模式制定：包括北京、天津两个直辖市和河北省的石家庄、秦皇岛、唐山、廊坊、保定、沧州、张家口、承德 8 地市。

（6）国家规划：国家“十二五”规划纲要提出“打造首都经济圈”。

2011 年 3 月，国家“十二五”规划纲要发布，提出“打造首都经济圈”。

（7）习近平：谱写新时期社会主义现代化的京津“双城记”。

2013 年 5 月，习近平在天津调研时提出，要谱写新时期社会主义现代化的京津“双城记”。

（8）习近平：要推动京津冀协同发展。

2013年8月，习近平在北戴河主持研究河北发展问题时，提出要推动京津冀协同发展。

（9）习近平：打破“一亩三分地”的思维定式。

2014年2月，习近平主持召开京津冀三地协同发展座谈会上，要求北京、天津、河北三地打破“一亩三分地”的思维定式，强调实现京津冀协同发展是面向未来打造新的首都经济圈、推进区域发展体制机制创新的需要，是一个重大国家战略，并要求抓紧编制首都经济圈一体化发展的相关规划。

（10）李克强：加强环渤海及京津冀地区经济协作。

2014年3月，国务院总理李克强作政府工作报告，谈到2014年重点工作时，提出“加强环渤海及京津冀地区经济协作”。

（11）国务院成立京津冀协同发展领导小组。

2014年8月，国务院成立京津冀协同发展领导小组，副总理张高丽任组长。作为顶层设计的“京津冀协同发展规划”也正在紧锣密鼓地编制中。

（12）京津冀协同发展领导小组第三次会议在京召开，会议审议三个重点领域工作方案。

2014年9月，京津冀协同发展领导小组第三次会议在京召开。张高丽主持会议并讲话。会议审议京津冀交通一体化、生态环境保护、产业协同发展三个重点领域率先突破工作方案和支持京津冀协同发展重大改革政策措施，研究部署下一阶段工作。

（13）张高丽在天津主持召开推动京津冀协同发展工作座谈会。

2015 年 3 月，张高丽在天津主持召开推动京津冀协同发展工作座谈会，强调下一步推动京津冀协同发展，要突出重点、抓好项目，加大力度、加快节奏，确保 2015 年实现良好开局。

（14）中共中央政治局审议通过《京津冀协同发展规划纲要》。

2015 年 4 月，中共中央政治局 4 月 30 日召开会议，分析研究当前经济形势和经济工作，审议通过《京津冀协同发展规划纲要》。中共中央总书记习近平主持会议。

（15）山东德州纳入京津冀协同发展城市。

2015 年 7 月，被正式纳入京津冀协同发展城市的德州，积极承接北京非首都功能疏解和产业转移，打造京津冀协同发展示范区。目前，德州 150 多家企业与京津地区企业建立合作关系，一批央企强企在德州建立了产业基地。根据规划，今后每年力争引进200亿元京津地区项目。

（16）京津冀手机漫游费业务取消。

京津冀地区手机长途漫游费有望于8月1日起正式取消，三大运营商均已向三地省公司发出通知要求做好方案和支撑工作，部分运营商系统改造已完成，只待国家发改委和工信部正式下文。

（17）《京津冀协同发展交通一体化规划》出台。

2015年12月8日，国家发展改革委和交通运输部联合召开媒体通气会，发布《京津冀协同发展交通一体化规划》（简称《规划》）。根据《规划》，到2020年，多节点、网格状的区域交通网络基本形成，将形成京津石中心城区与新城、卫星城之间的“1小时通勤圈”，京津保唐“1小时交通圈”，相邻城市间基本实现1.5小时通达。同时，京津冀地区还将统一机动车注册登记、通行政策、机动车排放标准、油品标准及监管、老旧车辆提前报废及黄标车限行等政策。

（18）京津冀一卡通开始在互联互通试点线路上使用。

2015年12月25日，京津冀一卡通开始在互联互通试点线路上使用，这些试点线路分布如下：北京 139 条，天津滨海新区所有公交线路，石家庄 152 条、保定 73 条、沧州 43 条、承德 23 条及邯郸 65 条。

（19）中国社会科学院京津冀协同发展智库挂牌。

2016 年 1 月 6 日，在保定举行的第四届中国工业发展论坛上，中国社会科学院京津冀协同发展智库挂牌成立。该智库的主要任务是对《京津冀协同发展规划纲要》政策落实情况开展跟踪研究，及时发现新问题，向中央和京津冀三地政府提出有针对性的可操作性的建议，对京津冀协同发展中的新经验及时进行总结，提供可复制、可推广的经验以及为地方经济社会发展提供智力支持等。

（20）“京津冀协同发展战略高端论坛”在津举行。

2016 年 4 月 24 日，由南开大学当代中国问题研究院主办的“京津冀协同发展战略高端论坛”在天津举行。围绕落实京津冀协同发展规划纲要的新进展、新成果、新挑战，以及“十三五”期间协同发展的新思路、新突破、新举措，来自京津冀三地数十位学者、决策制定者展开深入讨论。

（21）“京津冀金融协同发展论坛·2016”在保定召开。

“京津冀金融协同发展论坛·2016”近日在河北保定隆重举办，来自京津冀高校、科研院所、金融机构等相关单位的500余名专家学者相聚一堂，围绕“聚焦金融改革创新，探索协同发展之路”这一主题，深入探讨推动京津冀金融协同发展的思路、办法和举措。

（22）京津冀首个跨区域众创联盟在津成立。

2016年7月9日，京津冀众创联盟在天津滨海新区中心商务区揭牌成立。联盟由天津市科委、河北省科技厅作为指导单位，行业龙头企业及创新创业服务机构自发组织。在联盟成立大会上，来自京津冀三地的行业龙头企业及创新创业服务机构共同发布了“于家堡宣言”，将以开放、共享为原则，打破区域资源要素壁垒，服务京津冀经济体制增效升级。

（23）京津冀大数据“十大热词”发布。

2016年8月4日，备受瞩目的“2016中国大数据大会暨大数据中国行系列活动——大数据＋京津冀峰会”在中国国际展览中心盛大开幕。会上发布了“京津冀大数据十大热词”，包括：雾霾、楼市、智慧城市、互联网金融广告、公交、医疗、食药安全、工业、旅游、绿色，通过对这大数据“十大热词”的收集、分析和合理利用，帮助建立新型京津冀政府管理方式，提高决策效率、创造更多的京津冀企业价值、实现全社会协同发展。

（24）首届清华京津冀医疗健康大数据高峰论坛在津举行。

2016年9月3日，首届清华京津冀医疗健康大数据高峰论坛在天津举行。本届论坛围绕医疗健康大数据面临的机遇和挑战、医疗大数据技术的应用和探索，以及医疗数据的共享和安全等话题展开讨论。来自政府、医疗机构、研究机构、企业等相关领域的多位嘉宾进行了主题演讲。中国科学院院士李衍达在会上表示，医疗健康大数据产业在发展中机遇与挑战共存。

（25）京津冀产融协同“量子计划”在河北启动。

京津冀产融协同“量子计划”于2016年10月23日在河北省正式启动。该计划有北京中关村高新技术企业协会、中关村创业投资和股权投资基金协会、新华网、河北国控股权投资基金管理有限公司等联合参与，以新的产业运营和投资理念，通过中关村企业及优质项目与河北合作，构建新的高新技术产业发展高地，促进河北产业升级，推动京津冀协同发展。承德、邢台和张家口三市在活动中签约，成为“量子计划”落地的合作城市。